AF532056

Kurt Geisler

Kiel oben!

Geschichten & Anekdoten

Bildnachweis

Cover: wikicommons/StAK 2.3. Magnusson 53712, Eröffnung Modehaus HELA, 1972,
wikicommons/StAK 2.3. Magnusson: S. 7 (35.576), S. 14 (22.128), S. 17 (42.502), S. 27 (53.511), S. 30 (46.661), S. 36 (32.067), S. 37 (27.394), S. 43 (41.455), S. 52 (55.951), S. 55 (87.165), S. 71 (65.583), S. 74 (42.363); wikicommons/ StAK Georg Gasch: S. 67 (39.428); wikicommons/StAK: S. 69; Maritta Graff: S. 8; Denis Korn: S. 23; Uwe Zylla: S: 41, 47; Cornelia Leymann: S. 58, 59; Johann Peter Koch. S. 79
Alle anderen Fotos stammen vom Autor.

1. Auflage 2023

Layout: Da Forma Agentur für Gestaltung, Gudensberg
Satz: Schneider Professionell Design, Schlüchtern-Elm
Druck: Rindt Druck, Fulda
Buchbinderische Verarbeitung: Buchbinderei S. R. Büge, Celle

34281 Gudensberg-Gleichen, Im Wiesental 1
Tel. 0 56 03 - 9 30 50 www.wartberg-verlag.de
ISBN 978-3-8313-3615-9

Inhalt

Vorwort

Ja, Sie mögen sich vielleicht fragen, warum Sie dieses Buch kaufen sollen. Nun, es wird Ihre Sichtweise auf Kiel verändern!

Kiel ist heutzutage eine vielbesuchte Stadt mit dem einzigen deutschen Tiefwasserhafen, was jedes Jahr mehr als zwei Million Passagiere auf die Großfähren und Kreuzfahrtschiffe lockt. Andere Touristen besuchen die feinsandigen und einladenden Strände mit pittoresken Orten entlang der Kieler Förde und unter Wassersportlern wird Kiel als Mekka der Segler gepriesen.

Aber darum geht es nicht in diesem Büchlein, sondern darum, wie die Kieler das Schicksal gemeistert und zu neuer Lebensfreude gefunden haben. Es geht um das Wirtschaftswunder Kiel mit den vielen Kaufhäusern, Kultkneipen, Tanzschuppen, Diskotheken und anderen Dingen, die man nur in Kiel erleben konnte. Und auch einigen Kuriositäten wie Butterfahrten oder den Weipert-Gondeln.

Erleben Sie eine Zeitreise, die bei Ihnen viele Erinnerungen an die eigene Jugend in Kiel wecken wird: Tanzschule, Rockkonzerte, Kieler Woche, Kinos und die Olympischen Segelwettbewerbe 1972.

Sie werden staunen. Viel Vergnügen bei der Lektüre!

Ihr Kurt Geisler

Die Holstenstraße

Nostalgische Verklärungen über das pittoreske Kiel vor dem Zweiten Weltkrieg sind unangebracht, denn die gesamte Innenstadt galt unter architektonischen Gesichtspunkten als eine der unansehnlichsten deutschen Großstädte. Die vielen engen und verwinkelten Straßen von der Vorstadt bis in die Altstadt bildeten ein Gängeviertel mit in sich verschachtelten Häusern aus verschiedenen Jahrhunderten, was dem schnellen Aufstieg Kiels zum Kriegshafen mit einem explosionsartigen Bevölkerungswachstum geschuldet war.

Die Zerstörung der Stadt und ihrer wirtschaftlichen Grundlagen im Zweiten Weltkrieg erforderten einen gesellschaftlichen und städtebaulichen Neuaufbau, um Kiel wieder lebenswert zu machen. Erste Planungen sahen eine grundsätzliche Trennung von Industriegebieten und Wohnbebauung vor. So wurde zunächst die kleine, aber fast vollständig zerstörte Kieler Altstadt mit dem historischen Straßennetz wieder aufgebaut, allerdings mit moderner Architektur. Den Verkehr leitet man nun um das ehemalige Zentrum herum, obwohl von der historischen Substanz der Altstadt nur wenig erhalten geblieben war.

Mitten im zerbombten Gängeviertel legte man den Holstenplatz an, von dem aus die neu gebaute breite Holstenstraße bis zum Alten Markt führte. Der obere Teil wurde im Dezember 1953 seitens der Stadt für den Autoverkehr gesperrt. Ungeachtet der skeptischen Proteste der Kaufmannschaft entwickelten sich die Geschäfte in der Fußgängerzone dermaßen positiv, dass 1957 auch der untere Teil hin zum Holstenplatz für den Individualverkehr gesperrt wurde.

Kiel, so heißt es, besaß die erste Einkaufsstraße im Nachkriegsdeutschland, die vom Autoverkehr befreit war. In die neu gebauten lichten Geschäftsräume zogen viele Firmen ein, die die Herzen der Kieler höherschlagen ließen, wenn sie in den 1960ern staunend vor deren großflächigen Schaufenstern standen. Spielwaren Giesecke war so ein Paradies. Im Erdgeschoss gab es alles für die Puppenstube und die Treppen hoch zum ersten Stock führten nicht nur kleine Jungs in die Welt der Eisenbahnen, Wiking-Autos und der Bausätze von Faller und Revell. Das Technische Kaufhaus Ernst Brinkmann war ebenfalls ein mehrstöckiges Geschäft, in dem es von Fahrrädern über Fernseher und Musikanlagen alles an neuestem technischem Gerät zu besichtigen und kaufen gab.

Petra Knipphals berichtet, dass sie sich vor dem Kauf eines recht großen und teuren Farbfernsehers skeptisch über mögliche Nachteile erkundigte. „Dabei fuchtelte ich vor Aufregung mit den Händen in der Luft, woraufhin sich eine herunterhängende Werbetafel für das Produkt von der Decke löste und mir auf den Kopf knallte. Der Verkäufer blieb gelassen und kommentierte: ‚Das ist der einzige Nachteil, den ich bei dem Produkt erkennen kann.'"

Hohwü Delikatessen war seinerzeit die erste Adresse in Schleswig-Holstein, wenn es um erlesene Lebensmittel ging. In den beiden Schaufenstern des Geschäftsraums stapelten sich exquisite Produkte ausländischer Spirituosen, die in Kiel bis dahin kaum jemand kannte: Cinzano, Martini, Ballantines, Remy Martin. Zudem wurden von dem Inhaber Nicolai Hohwü viele Delikatessen-Rezepte kreiert, die nach wie vor von einem großen Kieler Gastronomie-Dienstleister produziert und beworben werden: „Die Genuss-Tradition von Hohwü führen wir mit unserer Leidenschaft für Sie weiter."

HELA, das Modehaus Hettlage und Lampe, wurde im August 1972 mit einer Haustaufe inmitten der prall mit Schaulustigen gefüllten Holstenstraße eröffnet (siehe Buchcover). Aus einer über-

dimensional großen Sektkanone wurden Gewinnlose über die Menge verschossen – heute unvorstellbar, allein aus Sicherheitsgründen. Die Fahnen vor dem modernisierten Gebäude lassen ahnen, dass die Aufmerksamkeit zunehmend den skandinavischen Fährgästen galt, die seit der Aufnahme der Fährverbindungen zunehmend zum Wohlstand Kiels beitrugen.
Die Buchhandlung Lipsius und Tischer war ein vielseitiges und sehr angesehenes Unternehmen mit Antiquariat, Verlag, Buchbinderei und Kunsthandel. Es eröffnete in der ersten Hälfte des 20. Jahrhunderts zahlreiche Filialen in aller Welt bis nach China. Nach dem Zweiten Weltkrieg eröffnete der Sohn des Gründers Lipsius in der Holstenstraße 80 eine reine Sortiments-Buchhandlung, die vor allem bei Professoren und Lehrkräften sehr angesehen war. Nach mehrfachem Besitzerwechsel musste das Traditionsgeschäft allerdings 2006 die Pforten schließen.
Andere renommierte Einkaufsadressen wie das Textilhaus Weipert, das Modehaus Rolfs, das Schuhhaus Rümmeli sowie das

Damenmode F. Heidenreich, Buchhandlung Lipsius & Tischer, Delikatessen Hohwü und Quick-Gaststätte (1965).

Haushaltswarengeschäft Johannsen & Schmielau haben nicht überlebt. Einer der Gründe mag gewesen sein, dass die potenziellen Kunden wenig Lust auf eine Parkplatzsuche in der Nähe von Fachgeschäften im Stadtzentrum hatten. Einige Kaufhäuser wie Karstadt am Alten Markt oder Hertie im neu errichteten Sophienhof schufen Parkräume auf dem Dach oder im Kellergeschoss. Als bequemer galt der Einkauf beispielsweise im Gewerbegebiet von Raisdorf (heute Schwentinental), das direkt an der Bundesstraße 76 liegt und ab Ende der 60er-Jahre viel Kaufkraft ins Umland zog.

Von vielen ehemaligen Traditionsgeschäften zeugen heute nur noch die Einkaufstüten.

Eine Überdachung der Holstenstraße wäre in den 1990ern vielleicht eine gute Lösung gewesen, wurde aber von den Geschäftsleuten nicht finanziert. Unlängst wurde ein kleiner betonierter Kanal quer über die Holstenbrücke gezogen, der aber nicht überall Anklang fand und sogar einige hässliche Bezeichnungen in Richtung „Urinal“ hervorgebracht hat. Man muss abwarten, wie es in den nächsten Jahren mit der guten alten Holstenstraße weiter geht. Sie bleibt nach wie vor das geschäftliche Herz der Kieler Innenstadt, momentan ist sie nur leider etwas heruntergekommen. Inzwischen hat ihr die Holtenauer Straße mit einem bunten Mix feiner Fachgeschäfte, Kinos, Restaurants und überdachter Arkaden den Rang abgelaufen.

Gaardener Jung

Mitte des 19. Jahrhunderts lebten im ländlichen Gaarden gegenüber der Altstadt nicht mal 400 Einwohner. Für vergnügungssüchtige Kieler war es dennoch ein beliebter Ausflugsort, weil man dort nicht den strengen Kieler Stadtgesetzen unterlag. Man durfte sich nach Belieben vergnügen, Schießeinlagen nach Zechtouren in den Vergnügungslokalitäten eingeschlossen. Allerdings war das flache Gelände auf dem Ostufer optimal für den Aufbau von Werften, die nach der Verlagerung der deutschen Kriegsmarine von Danzig nach Kiel notwendig wurden. Die Arbeiter und ihre Familien wiederum brauchten Wohnungen. So wurde um 1870 das sumpfige Karlstal in Bauland umgewandelt, und schnell entwickelte sich Gaarden vom Dorf zu einem städtischen Bezirk, der schließlich Anfang des 20. Jahrhunderts nach Kiel eingemeindet wurde. In Gaarden-Ost wurde rund um den Vinetaplatz nicht nur ein erstes Geschäftszentrum auf dem Ostufer geschaffen, sondern es siedelten sich viel Handwerk und Gewerbe an. 1871 waren 2715 Einwohner registriert, 1910 bereits über 30.000 Menschen, die in neu errichtete Bauten einzogen, wie die vielen fünfstöckigen Gebäuden aus der Gründerzeit rund um den Vinetaplatz. Dagegen blieb es in Gaarden-Süd weiterhin recht beschaulich mit Kronsburg, dem Viehburger Gehölz und sogar Teilen von Hassee. Wobei allerdings nur wenigen Kielern bekannt ist, dass diese Ortsteile südlich der Vorstadt zu Gaarden gehören. Die Grenze zwischen Gaarden-Ost und -Süd verläuft übrigens entlang der Mühlenau zwischen dem Brook und dem Langsee, aber die Musik für Jung und Alt spielte sich meistens rund um den Vinetaplatz in Gaarden-Ost ab, zumal für alles hinter der Preetzer Chaussee die Bezeichnung „tote Hose“ galt.

„Außer der Gaststätte Voss-Eck in der Bielenbergstraße 14 in Gaarden-Süd“, wie Johann Peter Kock berichtet. „Meine Eltern erklärten mir, das es etwas Besonderes gewesen sei, in den 60er-Jahren in Gaarden aufzuwachsen. Natürlich gab es viele Brachflächen mit Bombentrichtern, aber wir kannten es nicht anders. Man könnte es Abenteuerspielplätze nennen, aber kein TÜV der Welt würde heutzutage solche Spielplätze freigeben.“

So war es wohl und ab Mitte der 1960er änderte sich einiges. Neue Gastronomie lockte viele Jugendliche aus anderen Stadtteilen an. Johann Peter Kock erinnert sich: „Unsere Väter waren ja immer in ihren Stammkneipen zum Skatkloppen. Aber dann machte der ‚Friesenhof‘ am Karlstal gleich gegenüber vom ‚Star-Palast‘ auf, wo sich die Fußballer vom TSV Gaarden gerne trafen. Gleich daneben gab es eine Flipperhalle. Dann eröffnete der ‚Gastronaut‘ Günter Kowalski das ‚Alt Gaarden‘ in der Johannesstraße 37, das war unsere Kultkneipe in den 1970ern in Gaarden.“

Nicht nur nach einem Kneipenfußballspiel am Nachmittag war im

Alt Gaarden Stammtisch angesagt. Johann Peter Kock erzählt:. „Diebels-Altbier war seinerzeit sehr beliebt und wurde in hohen schlanken Gläsern serviert, aber erstaunlicherweise kam unser Sportsfreund Walter mit einem gewöhnlichem Bierhumpen von dem schwarzen Gebräu an den Tisch. Eine halbe Stunde später fiel er halbtot vom Stuhl und wir stellten fest, dass er seinen Humpen heimlich mit Kräuterlikör hat füllen lassen. Ansonsten haben wir aber auch lustige Wettbewerbe wie Bierfassrollen am Vatertag im Werftpark mit anschließendem Goldfischessen im Alt Gaarden veranstaltet. Und klar, mit der Fußballmannschaft haben wir nicht nur Butterfahrten mit Ausflugsschiffen und Angeltouren mit Fischkuttern unternommen, sondern sogar Reisen nach Berlin, Mallorca und Schweden."

Das Auf und Ab der Werftindustrie beeinflusste diesen Stadtteil auf dem Ostufer wie kaum einen anderen. Ende der 1970er ka-

Der Fußballmannschaft der Kneipe Alt Gaarden auf Mallorca.

men viele Schweißer aus England, die auch den FC Alt Gaarden in neue Höhen hoben. Johann Peter Kock erinnert sich: „Nun, die englischen Jungs nahmen vor einem Kick erst einmal ihre kostbaren Vorderzahnbrücken aus dem Mund, und dann ging es von den Engländern aus auf dem Fußballfeld rund, aber immer fair. Einer Prügelei gingen sie allerdings nie aus dem Weg. Nach dem Match ging es dann zurück zur Siegesfeier ins Alt Gaarden, wo sich unser damaliger Torwart Bernd Geuther auch schon einmal quer mit nacktem Hintern auf dem Stammtisch präsentierte. Nach Feierabend ging es dann weiter in die Diskothek Ambassador."
Ja, der Ambassador-Club, das war das nächste Highlight in Gaarden-Ost, der in einem Nebenbau des Gaardener Kaufhauses eröffnet wurde. Stilvoll mit Ritterrüstung im Eingangsbereich, dann die Treppe hinunter in eine gepflegte Diskothek, die für alle Ostuferbewohner eine angenehme Atmosphäre verströmte, die man ansonsten nur vom Westufer kannte.
Wenn DJ Wolfgang frühmorgens „„Gute Nacht, Freunde" auf den Plattenteller legte, ging es meistens weiter zu „Minna Runge" am Werfttor, wo man bis weit nach 3 Uhr tanzen konnte, wenn einen die eher konservative Schlagermusik nicht weiter störte. Entweder, man fand einen Partner oder es ging ab mit dem Taxi hinüber zur „Kieler Küste", dem Rotlichtviertel, wo die Diskotheken seinerzeit bis 5 Uhr morgens öffnen durften. Danach konnte man noch ins Café Rio gehen, wo man allerdings eine Stunde lang eher lustlose Wischereien von Putzfrauen unter den Füßen ertragen musste, bis es ab 6 Uhr mit dem Abfeiern weitergehen konnte.
„Falls man dann noch Lust zum Feiern verspürte", sagt Johann Peter Kock. „Meistens ging es völlig stramm mit dem Taxi ab nach Hause, gründlich ausschlafen war angesagt."

Die Ostseehalle

Kiel hatte seit 1925 mit der Nord-Ostsee-Halle in der Gutenbergstraße eine Messe- und Veranstaltungshalle, die allerdings im Zweiten Weltkrieg weitgehend zerstört wurde. Der Wiederaufbau wäre teurer als ein Neubau gewesen, zumal das Stahlgerüst einer Flugzeughalle des Seefliegerhorstes in List auf Sylt bereits angekauft und auf dem Schienenweg nach Kiel gebracht worden war. So wurde 1950 vom Kieler Rat entschieden, einen Neubau auf dem Kuhberggelände im ehemaligen Gängeviertel, zentral und gut erreichbar, zu errichten, um die Wirtschaft in der Landeshauptstadt anzukurbeln.
Mit dem Bau der Ostseehalle, so sollte sie heißen, mit 9000 Sitzplätzen wurde im November 1950 begonnen und im März 1952 war sie fertig. Seitdem finden dort Kongresse, Ausstellungen, Verkaufsmessen und Konzerte statt und sie wurde zur Heimat des deutschen Rekordhandballmeisters THW Kiel, nachdem die Feldhandball-Ära beendet war.
Die Baltic Horse Show und Box-Veranstaltungen ergänzten das sportliche Programm. In den vergangenen Jahrzehnten gehörten nicht nur Landeskirchentage zu den hallenfüllenden Veranstaltungen, sondern auch die Maikundgebung des DGB, Vertriebenentage, Parteitage und viele Großkundgebungen mit politischer Prominenz in Landtags- und Bundestagswahlkämpfen.
Seit 1953 ist die Eisrevue Holiday on Ice regelmäßig zu Gast und im Oktober 1954 wird mit „1:0“ von Peter Frankenfeld zum ersten Mal eine Fernsehsendung aus Kiel übertragen. 1957 werden die Deutschen Amateur-Boxmeisterschaften ausgetragen und am 13. April 1962 gibt der Jazztrompeter Louis „Satchmo“ Armstrong ein Gastspiel. Am 28. Mai 1970 tritt die Rockband Deep Purple zum Auftakt ihrer Deutschlandtournee in der

Auftritt von Deep Purple, 1970.

Kieler Ostseehalle auf, der viele andere namhafte Bands und Künstler folgten.

Der jetzige Eutiner Johann Peter Kock, aufgewachsen in der Gaardener Wikingerstraße, ist nach wie vor begeistert über den Auftritt von Rod Stewart & The Faces im Juni 1972. „Nun, zuerst war die Stimmung in der Halle nicht so gut, weil wir lange auf den Auftritt der Band warten mussten, die offensichtlich nicht nur Apfelsaft in der Garderobe konsumiert hatte. Aber als Rods rauchige Stimme mit dem gefühlvollen ‚Handbags and Gladrags' einsetzte, verstummte schlagartig das Gemurre im Publikum und alle lauschten andächtig der Musik. Dann feuerte er mit seinen Welthits wie ‚Maggie May' ein musikalisches Feuerwerk ab und bis zum Schlussakkord der Zugabe wurde getanzt und gefeiert. Es war einfach grandios."

Eine frühe Erweiterung der Ostseehalle war der Anbau der Fördehalle in Leichtbauweise, in der eine Zeit lang kleinere Ausstellungen und Rockkonzerte stattfanden, bis sie wieder abgerissen wurde. Dagegen wurde die Ausstattung im Inneren der Ostseehalle wiederholt modernisiert. Die ursprünglichen Holzbänke ohne Rückenlehnen aus der Bauzeit der Halle wurden durch Klappsit-

ze ersetzt, was die Zahl der Plätze verringerte. Außerdem konnte die Kapazität der Halle durch Schallschutzvorhänge bis auf ein Drittel der Sitzplätze verkleinert werden, falls Konzerte nicht ausverkauft waren. 1977 wurde eine absenkbare Rasterdecke zur Verbesserung der Akustik installiert, die erstmals am 22. Oktober 1977 bei einem Konzert von Boney M. zum Einsatz kam.
1978 ist das Electric Light Orchestra zu Gast. Von diesem Auftritt war Ute Danielsen aus Laboe nicht wirklich begeistert. „Klar, die Musik war toll, aber sie stammte weitgehend von den vielen Tonbandgeräten, die auf der Bühne wie Bandmitglieder aufgestellt waren und unterschiedliche elektronische Klänge einspielten. Für das Eintrittsgeld hätte man sich besser zwei Langspielplatten kaufen sollen."
1980 wurden die letzten im oberen Bereich des Kleinen Kuhbergs verbliebenen Häuser abgerissen, um durch sechs Treppentürme aus Betonelementen die Zugänge zur Halle zu verbessern. Ein grundlegender Umbau, der in Teilen einem Neubau gleichkam, wurde erst im Jahr 2000 vorgenommen. Die Ostseehalle bekam einen vierten Rang auf den beiden Längsseiten und damit die charakteristischen seitlichen Flügel. Sie bietet jetzt Platz für bis zu 13.500 Besucher, davon 10.250 Plätze in den Rängen und optional 2250 auf dem Spielfeld. Außerdem verfügt sie über 11 VIP-Logen und zwei Seminarräume für je 300 Personen. Zudem ist im Seitenflügel zum Ziegelteich hin die Geschäftsstelle des deutschen Rekord-Handballmeisters THW Kiel eingezogen, was unschwer an den vielen im Sonnenlicht glänzenden Siegerpokalen hinter der Glasfront zu erkennen ist, aktuell ein beliebtes Fotoobjekt von Touristen.
Zu ergänzen wäre vielleicht noch, dass die Halle offiziell seit 2008 zwar den Namen des jeweiligen Sponsors trägt, aber für die Kieler immer ihre Ostseehalle bleiben wird.

Wintervergnügen

In den 1960er- und 1970er-Jahren gab es erstaunlich viele lange und kalte Winter. Oft begannen die Seen bereits im November zuzufrieren. Natürlich durfte man noch nicht auf das Eis, aber die Jugendlichen wussten sich zu helfen. Im Schreven- und im Werftpark gab es Wasserflächen für Kleinkinder. Das Wasser wurde vor dem Winter von den Gärtnern zwar abgelassen, aber die Kombination von Regen und Frost bescherte eine spiegelglatte Eisfläche, die man gut nutzen konnte. Kamen Schneestürme auf, musste man erst mal mit vereinten Kräften die Schneemassen beiseiteschieben, um wieder Schlittschuhlaufen zu können. Hauptsache, man wusste sich zu helfen, wie Rüdiger Biel vom Ostring erzählt: „Wenn Frost war, dann füllten wir einen Eimer mit Wasser und gossen ihn auf einer freien Fläche aus. Eine Stunde später konnten wir mit Anlauf wunderbar auf glatten Schuhsohlen darauf schlittern, was wir hackern nannten."

Die Teiche und Seen wurden in der Regel erst Mitte Januar freigegeben, wenn die Eisdecke dick genug war. Schlittschuhe hatten nur die wenigsten Jugendlichen, weiß Rüdiger Biel.

„Richtige Schlittschuhstiefel waren in den 1960ern unerschwinglich für unsere Eltern, aber es gab von der Firma Hudora preiswerte verstellbare Schlittschuhkufen, die man einfach an den Schuhsohlen der Winterstiefel befestigte. Mit denen ging ich freudig zum Ententeich in den Werftpark. Auf einer Parkbank wurden die Kufen mit einem kleinen Sechseckschlüssel an den Sohlen befestigt und dann ging es aufs Eis. Das Schlittschuhlaufen zwischen den vielen anderen Schlittschuhläufern machte richtig Spaß, wenngleich die Konstruktion etwas wackelig war. So drehte ich mehrere Runden, bis mein Eisvergnügen abrupt endete: in einem kleinen Loch, das die Gärtner für die Wasservögel geschlagen hatten. Das hatte ich übersehen, abgezäunt war seinerzeit nichts. Zum Glück wurde ich schnell herausgezogen, aber ich war klitschnass bis zum Bauchnabel. Vor Nässe triefend marschierte ich dann fröstelnd die zwei Kilometer über den Ostring nach Hause, wo ich ordentlich wegen meiner Unvorsichtigkeit ausgeschimpft wurde. Zur Strafe wurden die Kufen von den Eltern für den Rest des Winters weggeschlossen."

Uwe Zylla aus der Koldingstraße berichtet ebenfalls von winterlichen Abenteuern: „1963 lag von Januar bis März durchgehend Schnee auf allen Rodelbahnen. Die wintersportliche Betätigung mit dem Schlitten stellte bald keine Herausforderung mehr da, weil die Erhebungen in der näheren Umgebung der Koldingstraße doch sehr bescheiden sind. Glücklicherweise erschienen damals auf dem Markt als neues Wintersportgerät für Amateure

Vereister finnischer Frachter in der Holtenauer Schleuse, Januar 1968.

die sogenannten Gleitschuhe. Das waren längliche, etwa 8 cm breite Edelstahlplatten, die man sich mit den an einer Stahlferse und Seitenführung angebrachten Riemen unter die Schuhe schnallen konnte. Mit diesem kompakten Ski-Ersatz ging es zum Üben zunächst vor der Holtenauer Straße auf den Rosenhügel. Nachdem ich auf den Gleitschuhen die erforderliche Standfestigkeit und Abfahrtssicherheit erworben hatte, nahm ich die Anhöhe im heutigen Gayk-Wäldchen in Angriff. Dieser Ort bot deshalb eine Abfahrt, weil nach dem Krieg der Hochbunker auf Anregung des seinerzeit amtierenden Kieler Oberbürgermeisters Andreas Gayk sowohl mit Trümmerresten und Erde zugeschüttet, als auch mit Bäumen bepflanzt worden war. Von der oberen Spitze über den östlichen Rücken bot der Bunkerberg ein ansprechendes Gefälle, das ich gerade am Anfang nicht immer sturzfrei bewältigte. Als der Bunkerberg keinen Abfahrtsmut mehr verlangte, zogen wir Gleitschuhfahrer weiter ins Düsternbrooker Gehölz, wo der eine oder andere steile Abhang zu finden ist. Durch die für das Bremsen an der Gleitschuhferse unten angebrachten Stahlzacken habe ich mir nach einigen Stürzen am rechten Schienbein reichlich Blessuren eingefangen. Eine lochartige Narbe kann ich dort immer noch vorweisen, während die Gleitschuhe mittlerweile wieder vom Freizeitmarkt verschwunden sind.“

Wie gesagt, es folgten noch viele Eiswinter mit Frost und Schneestürmen. Eigentlich waren jedes Jahr die Teiche und Seen zugefroren und oft auch die Hörn, wenn kalter Nordostwind Eis aus der Ostsee in die Förde blies. Der zweifelhafte Höhepunkt der Wintervergnügen war mit Sicherheit die Schneekatastrophe von 1978/79, während der der gesamte Verkehr im Norden wochenlang lahmgelegt wurde und ganze Orte und Dörfer von der Umwelt abgeschnitten waren.

Ohne Moos ...

Wenn es Taschengeld von den Eltern gab, hat es nie gereicht. Jungs konnten sich mit Schrottsammeln zwar etwas Geld dazuverdienen, aber man wusste nie, was die etwas schrägen Schrotthändler für die mühsam ergatterten (oder ergaunerten) Teile rausrücken würden. Mädchen durften bisweilen für einige Groschen älteren Frauen im Haushalt oder beim Einkauf helfen. Alles andere schickte sich nicht in den 1950er-Jahren, zumal man in den 1960ern erst mit 14 Jahren und mit Zustimmung der Eltern einer gewerblichen Beschäftigung nachgehen durfte. Nun gab und gibt es aber in Kiel so viele Möglichkeiten, sich zu amüsieren. Das Problem war jedoch, dass die Vergnügungen Geld kosteten. Viele Jugendliche nahmen Jobs an, um ihre Freizeit zu finanzieren, und zwar nicht nur in den Ferien.
Uwe Zylla berichtet: „1967 hatte ich mir eine Anstellung als Austräger des Hamburger Abendblattes besorgt. Dafür erhielt ich zwei große braune Seitentaschen mit Verlagslogo für mein Fahrrad, mit dem ich in einem festgelegten Bezirk um den Dreiecksplatz herum ungefähr 60 bis 70 Zeitungen an Abonnenten auslieferte. Meine Strecke verlief von der Mittelstraße bis hinunter zum Kleinen Kiel. Das Abendblatt erschien täglich außer sonntags. Ab halb vier konnte ich die Verteilmenge an einem Kiosk abholen, der an einem Durchgangsplatz von der Koldingstraße zur Holtenauer Straße lag. Inzwischen ist dieser Zeitungskiosk verschwunden, stattdessen befindet sich heute dort das Szene-Restaurant Nil.
Die Verteilung der Zeitungen nahm in der Regel täglich bis zu zwei Stunden in Anspruch. Die Zustelladressen verteilten sich über sämtliche Querstraßen westlich der Bergstraße. Bezieher waren ebenso Privatpersonen wie auch ein Herrenausstatter

oder Gaststätten. So belieferte ich in der Wilhelminenstraße neben dem damaligen Chinarestaurant auch die Inhaber der berühmten Gaslaterne, ein beliebtes Bierlokal, das es heute noch gibt. Am Ende eines Monats hatte ich die Aufgabe, von jedem Zeitungsbezieher das Monatsentgelt zu kassieren. Dieser Vorgang gestaltete sich für mich nicht immer einfach, weil einige Kunden während der üblichen Zustellzeit nicht erreichbar waren. Ich musste dann nochmals am Abend dorthin fahren, um an das Geld zu kommen. In den meisten Fällen erhielt ich beim Kassieren auch ein mehr oder weniger großzügiges Trinkgeld. Standen Feste wie Weihnachten oder Ostern bevor, fiel es umso höher aus. Wenn ich den monatlichen Gesamtbetrag zusammen hatte, musste ich mit der Vertriebsverwaltung die Sollsumme abrechnen. Soweit ich mich erinnere, hatte ich während meiner gesamten Zeit als Austräger niemals das Pech, dass eine Rechnung nicht bezahlt wurde. Was ich durch das Zeitungsaustragen verdiente, legte ich regelmäßig auf einem Sparbuch an."
Aber die Zeiten änderten sich, wie Petra Knipphals berichtet: „Ab Mitte der 1960er gab es für uns Mädchen endlich mehr Möglichkeiten, unser Taschengeld aufzubessern: zum Beispiel durch Kinderbetreuung oder als Statistin in den Kieler Theatern. Wenn man etwas älter war, dann konnte man auch als Aushilfe in Kneipen oder Restaurants arbeiten."
Männliche Jugendliche wurden dagegen gerne für Auslieferungen aller Art oder andere körperlich schwere Hilfstätigkeiten eingestellt, zum Beispiel beim Gartenbau für zwei Mark die Stunde. Allerdings nicht immer unter den heute geltenden Arbeitsschutzbedingungen, wie Uwe Zylla berichtet.
„Mir kam es als Schüler darauf an, möglichst viel Geld mit einem Aushilfsjob zu verdienen. Am besten zahlte damals das Baugewerbe. Ich fing daher in den Ferien bei der Baufirma Bracker an

als sogenannter Topleger, das ist Plattdeutsch und bedeutet so viel wie Zuarbeiter. Mich begleitete wieder mein Klassenkamerad Frank Sadlowski. Zusammen arbeiteten wir in einem Rohbau eines Verwaltungsgebäudes in der Feldstraße. Wir hatten zunächst die Aufgabe, die einzelnen Räume auszufegen, um sie vom Betonstaub zu befreien. Mein Kumpel Frank hatte schwarzes naturkrauses Haar und trug es dem Zeitgeschmack entsprechend etwas länger. Nach dem Ausfegen und Säubern von 16 Räumen hatte Frank eine vollständig graue Afrokrause, die Augenbrauen waren ebenso grau wie das Innere der Nasenlöcher.

Es hatte den Anschein, er wäre äußerlich zum alten Mann mutiert. Ich sah wohl ähnlich aus, sodass wir beim gegenseitigen Anblick herzlich zu lachen anfingen. Am folgenden Tag sollten wir Betonnasen, die zwischen Decke und Wand entstanden waren, mit Hammer und Meißel über Kopf wegstemmen. Schutzbrillen gab es seinerzeit nicht, aber zum Glück schossen die Betonsplitteran unseren Gesichtern vorbei. Was die anrichten können, erlebten wir am Beispiel eines türkischen Kollegen, dem ein solcher Splitter in die Wange fuhr und ein kräftig blutendes Loch hineinriss. Es galt also, mit jedem Schlag des Hammers auf den Meißel rechtzeitig die Augen zu verschließen, um uns vor dem Schlimmsten zu schützen. Den ganzen Tag über die Arme hochzuhalten und dabei mit einem schweren Hammer zu hantieren, das ging mächtig in die Arme. Wenn der Feierabend kam, waren wir ziemlich fertig und meine Arme kamen mir um einiges länger vor. Zu Hause übermannte mich schnell der Schlaf.

Ein positiver Nebeneffekt der schweren Bauarbeit neben der wöchentlichen Gelddusche war aber, dass ich nach dem Ferienjob wieder hoch motiviert in die Schule ging. Denn gegen das, was die harte Arbeit auf dem Bau darstellte, war der Schulbesuch die reinste Erholung.“

Uwe Zylla erinnert sich weiter: „Seit ich sechzehn war, habe ich die Sommerferien genutzt, um Geld zu verdienen. Meinen ersten dieser Jobs hatte ich bei der Kieler Großbäckerei Lembke, deren Backstraße und Lieferzentrale damals am Groß Kielstein lag. Ich war als Beifahrer angestellt, das hieß, dass ich dem jeweiligen Verkaufsfahrer bei der Brot- und Gebäckauslieferung zu assistieren hatte. Bis spätestens um sieben Uhr morgens musste ich auf dem Hof sein, um beim Einladen zu helfen. Jeder Fahrer hatte seinen Bezirk, in dem sich die anzufahrenden Verkaufsstellen befanden, zumeist Lebensmittelgeschäfte. Die Backwaren befanden sich in Plastikverpackungen und konnten damit in mehreren Einheiten auf dem Arm platziert werden. Backwaren, deren Mindesthaltbarkeitsdatum abgelaufen war, was sich schon an der Brothärte erkennen ließ, musste wieder zurückgenommen werden. Beim Einräumen in das jeweilige Regal hatte ich zu beachten, dass die neuen Brotpakete stets hinter der älteren Ware lagen.

Nachdem ich eine Zeit lang von einem altgedienten, gewissenhaften Fahrer unterwegs gut eingewiesen worden war, wurde ich in meiner letzten Arbeitswoche einem Fahrer zugewiesen, der es verstand, seinen Arbeitsauftrag mit privaten Interessen zu kombinieren. Das sah dann so aus, dass am Vormittag ausgeliefert und danach das Freibad Katzheide angesteuert wurde. Auf dem Weg dorthin verkaufte der Fahrer auf halbem Wege am Exerzierplatz Ecke Rathausstraße auf eigene Rechnung das Altbrot an einen Kneipier.

In den Herbstferien arbeitete ich mit einem Klassenkameraden im Teppichlager bei der Firma Weipert an der Ecke Holstenstraße und Wall. Wir mussten für die hereinkommenden Aufträge Teppichböden zuschneiden. Dazu war es erforderlich, zunächst die Teppichrollen zu suchen und sie auf die Zuschnittfläche zu schaffen. Das war zum Teil eine üble Plackerei. Manchmal mussten wir die zugeschnittenen Teppichböden auch vom Obergeschoss zur Auslieferungsstelle in den Keller transportieren. Zu zweit bereitete die Arbeit jedoch eine Menge Spaß."

Aber auch zu bestimmten Anlässen konnte man nebenbei gut Geld verdienen, wie Annelie Winkler aus Strande berichtet. „Der Job in der Kieler Woche auf dem Jever-Bierstand im Olympiazentrum Schilksee, das war immer ein richtiger Geldsegen. Wir drei Mädels an der Getränkeausgabe waren fesch mit T-Shirt und Käppi der Bierfirma gekleidet und wurden meistens schon am frühen Nachmittag von einer Horde fröhlicher Männer um-

Junger Mann im Osterhasenkostüm.

ringt, die nicht auf den Pfennig schauten. An manchen Tagen hatten wir mehr Trinkgeld als Lohn, dabei wurden wir gut bezahlt. Getränke hatten wir frei und Essen bekamen wir von den Organisatoren geliefert. Da es keinerlei Abrechnungen gab, konnten wir bisweilen auch einmal ein Freibier ausschenken, was die Stimmung am Stand auf den Höhepunkt trieb. Abends um 10 ging es aber fix (und fertig) mit dem Rad nach Hause, weil man am nächsten Morgen um 10 Uhr wieder halbwegs fit auf der Matte stehen musste. In den zehn Tagen musste man keinen Pfennig ausgeben und wir verdienten so viel wie sonst in einem ganzen Monat. Das war prima!"

Auch andere saisonale Jobs wurden gut bezahlt, wie beispielsweise Weihnachtsmann oder Osterhase spielen. Hans Klostermann aus der Augustenstraße kann ein Lied davon singen: „Einmal hatte ich acht Termine an Heiligabend angenommen, alle fußläufig in Gaarden. Überall gab es zur Begrüßung und zum Abschied einen Schnaps. Wie ich nach Hause gekommen bin, das weiß ich nicht mehr. Aber ich erinnere mich noch gut: Als ich morgens in meinem Bett im Weihnachtskostüm aufwachte, da hatte ich die Taschen voller Geld."

An eine Aushilfsarbeit kann sich Uwe Zylla besonders gut erinnern. „Meinen letzten Ferienjob hatte ich wieder auf dem Bau, jetzt aber bei der Firma Leptien, die damals die neuen Uni-Gebäude an der Leibnizstraße errichtete. Hier galt es wiederum, die Räume des Rohbaus zu säubern. Als besondere Spezialität kam hinzu, dass ich von den Fensterrahmen, die aus Aluminium waren, den Schmutz und die Betonspritzer zu entfernen hatte. Das war eine recht eintönige Arbeit. Während meiner Tätigkeit an den Fenstern sah ich neidvoll den Studenten hinterher, die vergnüglich vorbeizogen, um in den bereits fertiggestellten Gebäuden ihre Vorlesungen oder Seminare zu besuchen.

Aufgemuntert wurde ich allerdings durch meinen Kollegen, der ähnlich wie ich zur Aufbesserung seines Budgets als angehender Bauingenieur in dem Gebäude tätig war. Er arbeitete regelmäßig in den Semesterferien auf dem Bau und kannte sich mit den Gepflogenheiten bestens aus. Nach Abschluss eines Arbeitsabschnitts forderte er mich nicht selten auf, erst einmal ‚Föffteihn' zu machen, also 15 Minuten Erholungspause. Er lud mich ein, in seinen eigens kühl deponierten Kasten Holsten Export zu greifen, um den Staub hinunterzuspülen. Nach drei bis vier solcher Pausen fühlte ich mich schon ziemlich benebelt. Meinem Kollegen jedoch schien diese Menge nichts auszumachen, er lag am Abend mit mindestens 4 bis 5 Flaschen vorn, ohne dass man ihm das angemerkt hätte. Durch ihn hatte ich am Ende meiner Zeit auf dem Bau eine beachtliche Trinkfestigkeit erlangt."

Die Holtenauer

Während die Altstadt und die Vorstadt mit Bauten aus verschiedenen Jahrhunderten unter stadtplanerischen Gesichtspunkten als unübersichtlich und zusammengewürfelt galt, bildete die Holtenauer Straße Anfang des 20. Jahrhunderts die Mittelachse der schachbrettartigen Erweiterung der Stadt nach Norden bis fast hin zum Nord-Ostsee-Kanal in der Wik. Nach der Errichtung des Wasserturms auf dem Ravensberg 1898 zur Sicherstellung der Wasserversorgung der höher gelegenen Stadtteile nördlich der Altstadt wurden innerhalb weniger Jahre, ausgehend vom Dreiecksplatz, zwischen dem heutigen Westring und der Feldstraße Hunderte von repräsentativen Gebäuden im gründerzeitlichen

Baustil errichtet. Das manifestiert sich bis heute beispielsweise in den Gebäudeinschriften in der Hansastraße: 1905, 1906, 1907. Dazwischen gab es mit dem Blücherplatz, dem Adolfplatz und dem Gelände der Holsten-Brauerei (heute Brauereiviertel) lediglich kleinere Auflockerungen.

Bereits zur Kaiserzeit galt die untere Holtenauer Straße als beliebte Einkaufsstraße, während der obere Teil zwischen der Hanssenstraße und der Wik nicht vollständig bebaut war. Nach dem Zweiten Weltkrieg waren die Wohngebäude in der oberen und mittleren Holtenauer Straße größtenteils unversehrt, während der untere Teil zum Dreiecksplatz hin einem Trümmerfeld glich.

Die Kieler Journalistin Daniela Mett aus der Gerhardstraße berichtet Folgendes über den Wiederaufbau: „Der Kieler Stadtbaurat Jensen plante ein modernes Quartier für das ‚Großschadensgebiet'. Die Wohnhäuser sollten quer zum Verkehrslärm stehen, abgeschirmt durch Ladenzeilen. Dafür mussten Dutzende Einzelgrundstücke zusammengelegt werden. Diese Aufgabe übernimmt der Diplom-Kaufmann Dr. Hans Kersig und gründet einen Grundstücksverband, und so kann Oberbürgermeister Andreas Gayk bereits im Juli 1950 den Grundstein für den Wiederaufbau legen, mit dem Hammer in der Hand zwischen Trümmerbergen stehend. Gemahlener Splitt wird zu Mauersteinen. Ein Jahr darauf ist die Westseite der unteren Holtenauer bebaut, die Ostseite folgt 1956. Ein sogenanntes Gayk-Wäldchen begrenzt das Wohngebiet. Das sind geräumte Flächen, die nicht sofort bebaut, sondern bepflanzt wurden."

Damit wurde das neue Konzept der aufgelockerten und begrünten Stadt erfolgreich verwirklicht, was sich übrigens auch im Schulneubau widerspiegelte (Goetheschule, Hebbelschule, Max-Planck-Schule, Jahnschule). Dieses Wiederaufbaukonzept

Wohnhäuser und Geschäfte in der Holtenauer Straße, 1972.

wird ein bundesweit beachtetes Modell modernen Städtebaus. Wobei manche Städtebaukritiker beklagen, dass in den Nachkriegsjahren bis in die späten 1970er hinein mehr zivile Bausubstanz als in beiden Weltkriegen zusammen vernichtet wurde. Eines der bedeutendsten Gebäude an der Holtenauer Straße ist das Schauspielhaus, das eine wechselvolle Geschichte aufweist. 1907 wurde es als zweite Kieler Bühne neben dem prunkvollen Stadttheater (heute Opernhaus) eröffnet. Auf dem Spielplan standen zunächst Lustspiele, Operetten und Possen. Von 1949 bis 1954 war in den Räumen ein Kino untergebracht. Von 1996 bis 98 wurde das historische Gebäude aufwendig saniert und modernisiert. Heute verfügt der Theaterraum über eine hervorragende Akustik sowie eine moderne und funktionsgerechte Bühnentechnik. Es bietet Platz für mehr als 400 Zuschauer. Im Obergeschoss befindet sich mit dem Studio eine zweite, kleinere Bühne. Bis zu 100 Zuschauer können einen Theaterabend in intimer Atmosphäre erleben.

Ansonsten ist die Holtenauer Straße nicht nur eine wichtige innerstädtische Verkehrsachse mit fast vier Kilometern Länge, sondern vor allem eine attraktive Einkaufsstraße mit urbanem Charakter und einem bunten Mix aus Fachgeschäften, Restaurants, Kneipen und Kinos. Kaum ein Bereich der Stadt ist besser mit öffentlichen Verkehrsmitteln zu erreichen und so gilt insbesondere der Abschnitt vom Dreiecksplatz bis hin zur Esmarchstraße als Flaniermeile.

Die Attraktivität der Holtenauer, wie die Straße von den Kielern bezeichnet wird, wurde durch die Errichtung von Glasarkaden gesteigert, die den Ladenzeilen in der unteren Holtenauer vorgelagert wurden. Seitdem ist das Flanieren auch bei widrigen Wetterbedingungen möglich. Wobei betont werden muss, dass es in Kiel nie schlechtes Wetter gibt. Bisweilen sind einige Zeitgenossen lediglich unpassend gekleidet.

Der Gewerbeverein Die Holtenauer verfolgt den Zweck, das Quartier Holtenauer Straße in seiner Attraktivität nachhaltig zu steigern. Zu den Maßnahmen gehörten Aktivitäten wie „Spätschicht trifft Kultur“, Straßenfeste oder Umweltaktionen, um die Aufenthaltsqualität in der Holtenauer Straße zu erhöhen und diese als Erlebnisraum attraktiv zu gestalten. Es ist eben Kiels feine Meile.

Lichtspiele

Bis zum Zweiten Weltkrieg existierten in Kiel rund 100 Kinos, danach lediglich vier. Als einzige große Erstaufführungskinos blieben das Capitol am Dreiecksplatz (heute „Studio“) und die „Reichshallen“ im Gewerkschaftshaus in der Legienstraße erhalten. Dabei wurde das Lichtspielhaus Reichshallen ursprünglich gegen Ende des 19. Jahrhunderts als Varieté in der Kieler Altstadt am Bootshafen gegründet. Es war vor der Jahrhundertwende mit etwa 900 Sitzplätzen das mit Abstand größte Kino.

„Warum geht man eigentlich ins Kino?“ Das fragte der Kinobetreiber August G. Scepanik in einer kleinen Broschüre zur Eröffnung der Kieler „Central Lichtspiele“ (14. Juni 1951) mit mehr als 1000 Plätzen. Und gab selbst die Antwort. „Das neuzeitliche Filmtheater bietet wie kaum etwas anderes zu erschwinglichen Preisen eine Vielfalt von Unterhaltung, Wissensbereicherung, Entspannung und angenehmem Aufenthalt. Deshalb geht man so gern ins Kino.“

Nun, für die 1950er-Jahre traf das durchaus zu. Aber Scepanik hatte bereits 1936 Kiels ältestes Kino „Kaiserkrone“, das 1896 im Langen Segen eröffnete, nach der „Arisierung“ durch die Nationalsozialisten übernommen. Ab 1937 betrieb er zudem das „Colosseum“ am Exerzierplatz, das er nach einer Zwangsversteigerung der Stadt Kiel abgekauft hatte. Beide Kinos wurden 1944 zerstört.

In den 1950ern hatte Scepanik Größeres vor. Am 12. November 1951 eröffnete er kurz nach der Eröffnung vom „Central“ das „Gloria“ an der Holstenbrücke, ebenfalls ein 1000-Plätze-Kino und weitaus luxuriöser als das Central. Der Erfolg motivierte Scepanik, ein weiteres Lichtspielhaus mit dem „Metro im Schloßhof“ in der Holtenauer Straße zu installieren. Es wird später sein Hauptkino werden. Wieder ist es ein Großkino mit über 1000 Plätzen und zwei Raucherlogen, in dem sogar Bundesfilmpremieren mit teilweise weltbekannten Darstellern und Regisseuren stattfanden. Täglich gibt es vier Vorstellungen, abends wird gerne einmal auf den hinteren Sitzen gefummelt. Da geht es weniger um den Film. Mit dem „Central", dem „Gloria" und dem „Metro" legte Scepanik den Grundstein für sein Nachkriegsimperium, bis der Kieler Kinokönig, so wird er heute bezeichnet, schließlich alle 11 großen Kinos in der Landeshauptstadt besaß. 1962 kaufte er sogar noch die Reichshallen.

Claus-Peter Minkwitz erinnert sich gut an die alten Zeiten. Das Familien-Sonntagsvormittagsprogramm hatte folgenden Ablauf: „Der Vaddi ging zum Frühschoppen in die Kneipe (Herrmanns Eck, Ecke Knooper Weg/Olshausenstraße) und gönnte sich um 12 Uhr einen Kirchenschnaps, während Muddi das Essen zubereitete. Und der Bengel begab sich um halb elf zum ‚Metro im

Zu einem Empfang anlässlich der Weltpremiere des Films „Ohrfeigen"1 von Rolf Thiele im Metro-Kino an der Holtenauer Straße v. l. unter anderem Gila von Weitershausen, Simone Jürgens, Regisseur Rolf Thiele, Curd Jürgens und Oberbürgermeister Günther Bantzer vor einem Modell des Olympiazentrums in Schilksee (1970).

Schloßhof‘ in der Holtenauer Straße zum Juniorkino. Eintritt 1 Mark, Raucherloge 2 Mark. Die Filme waren zwar in Schwarz-Weiß, angefangen von ‚Godzilla gegen den Rest der Welt‘ bis ‚Frankenstein‘, aber sie trieben uns den Angstschweiß unter die Achseln. Wenn genug Taschengeld übrig war, ging es auch schon mal in die Raucherloge. Man wollte schließlich dazugehören.“

Bedingt durch die Kinokrise Anfang der 1960er-Jahre – das Fernsehen gewann an Beliebtheit – reduzierte Scepanik die Sitzplatzanzahl in den meisten seiner Kinos und schloss die Reichshallen 1969. Das Kino war für die immer weniger werdenden Zuschauer einfach zu groß geworden. Im August 1980 endete die Ära Scepaniks, als er seine Kinos an die Universal Film Studios (UFA) verkaufte.

Die UFA versuchte dem Kinosterben durch die Aufteilung der Großkinos in mehrere kleine Vorführräume entgegenzuwirken. Ohne wirklichen Erfolg, bis 1995 zentral am Hauptbahnhof im Erlebniszentrum CAP das hochwertig ausgestattete Multiplexkino CinemaxX mit insgesamt 3000 Plätzen eröffnet wurde. Auf einmal war Kino wieder angesagt und Blockbuster wurden beliebt. Anfang der 2000er-Jahre wurde das „Metro“ von einem Investor erfolgreich als Programmkino mit einem Mix aus Café und Live-Events (Comedy, Varieté und Autorenlesungen) aufgebaut. Die Anzahl der Kinosäle und -plätze wurde verringert. So wurde das Metro wieder ein echter Hotspot.

Wenig später folgte das „Studio“‘ am Dreiecksplatz als zweites inhabergeführtes Kino mit einem ähnlichen Konzept, das ebenfalls erfolgreich ist: Filmtage mit Originalton, Tage mit Eintritt für alle zum Kinderpreis, Sneak Previews und Übertragungen von Events im Kinosaal (Tatort, Fußball, Handball).

Carola Burmeister vom Knooper Weg hatte im Studio ein besonderes Erlebnis: „Ja, es war Silvester, und geboten wurde die

‚Rocky Horror Picture Show‘. Beim Betreten des Kinosaals war die Stimmung schon richtig gut, viele Zuschauer hatten sich verkleidet. Als der Film begann, flogen bereits Unmengen von Reiskörnern über unser Köpfe Richtung Leinwand. Bierduschen gab es zum Glück nicht. Es war ein tolles Silvester-Event und das für einen ganz normalen Eintrittspreis. Hinterher an der Bar habe ich auch noch lustige Menschen kennengelernt. Was will man mehr? Mir taten nur die Reinigungskräfte am nächsten Tag leid.“
Na ja! Und welcher Kieler hat noch nie nachmittags im kleinen Terrassenbereich vor dem Programmkino „Metro“ einen Drink genommen? Durch die gegenüberliegende Steinstraße hat man Sonne bis zum späten Nachmittag und kann einen Sundowner genießen. Ansonsten ist leider festzuhalten, dass es neben dem Kino in der „Traumfabrik“ im Grasweg und dem öffentlich geförderten Kommunalen Kino in der Pumpe heutzutage nur noch fünf Kinos in Kiel gibt.

Darf ich bitten?

Weil die weiterführenden Schulen in der Regel strikt nach Jungen und Mädchen getrennt waren, war die Tanzschule bis weit in die 1960er-Jahre oft der einzige Weg, unverfänglich mit dem anderen Geschlecht in Kontakt zu treten. Für junge Leute bedeutete das, unbedingt frühzeitig das Tanzen zu erlernen. Dafür gab es auf dem Westufer in Kiel die renommierte Tanzschule Gemind in der Holtenauer Straße.
Uwe Zylla berichtet: „Es war lange Zeit althergebrachte Tradition, dass die heranwachsende Jugend nach ihrer Konfirmation und damit nach ihrem Eintritt in die Welt der Erwachsenen mit

dem Gesellschaftstanz vertraut gemacht wurde. Wie vorher schon mein Vater, so wurde ich in der Kieler Tanzschule Gemind mit Eintritt in mein 16. Lebensjahr zu einem Tanzkursus angemeldet.
Der Unterricht in der altehrwürdigen Tanzschule lief im Stil bester bürgerlicher Umgangsformen ab. Die jungen Damen nahmen an der Fensterfront Platz, während wir, die jungen Herren, gegenüber auf Stühlen an der Wandseite aufgereiht saßen, getrennt durch die große Tanzfläche. Nach einer Begrüßung durch das Tanzlehrerpaar mit Ankündigung des Tagespensums wurden wir Herren gebeten, eine Partnerin zum ersten Tanz aufzufordern. In dieser Situation zeigte sich, wer von uns körperlich fit und sportlich auf der Höhe war. Der einsetzende Wettlauf mit den nigelnagelneuen Schuhen auf der frisch gebohnerten Tanzfläche hatte am Ende etwas von einem Schlittschuhrennen, da wir uns den jungen Damen eher rutschend als gemessenen Schrittes näherten.
Ich freute mich, wenn ich als Erster bei der Partnerin meiner Wahl ankam. Das bedeutete, ich konnte den Eröffnungstanz mit einem hübschen Mädchen bestreiten. Da es aber im Tanzkursus auch auf korrektes Sozialverhalten ankam, blieb diese Paarauswahl nur am Anfang bestehen. Gleich nach dem ersten Tanz mussten die formierten Paare im Kreis Aufstellung nehmen und wir jungen Herren wurden aufgefordert, die junge Dame jeweils rechts oder links von uns zum nächsten Tanz zu bitten. Auf diese Weise war sichergestellt, dass eine Tänzerin oder ein Tänzer mit Personen verschiedenen Aussehens, Umfangs und unterschiedlicher Größe gleichermaßen umzugehen lernte.
Den Höhepunkt nach dem Geschmack der jungen Tanzschüler bildete der regelmäßig am Samstagabend veranstaltete Tanztreff. Zwar wurden in diesem Rahmen Standardtänze zur

Einübung angeboten, aber überwiegend wurden Hits nach der Bravo-Bestsellerliste (Hits der Woche) aufgelegt. Wenn von den Rolling Stones der Song ‚I can't get no satisfaction' oder ‚Fire' von Arthur Brown ertönte, gab es auf der Tanzfläche kein Halten mehr."

Auf dem Ostufer gab es keine Tanzschule und so war man erleichtert, als im Februar 1966, gut erreichbar im Papenkamp unweit vom Hauptbahnhof, die Tanzschule Mäser ihre Pforten öffnete. Gelehrt wurde wie in anderen Tanzschulen zuerst Langsamer Walzer, danach Wiener Walzer, Slowfox, Tango und zum Ende des Tanzkurses hin Foxtrott. Darüber hinaus wurde seinerzeit in den Tanzschulen Anstandsunterricht erteilt: Wie begrüßt man eine unbekannte Dame? Wer stellt wen gegenseitig vor? Wer geht beim Betreten eines Restaurants voraus? Und dass die jungen Männer die letzte Tanzpartnerin nach Hause oder wenigstens zur nächsten Bushaltestelle geleiten sollten. Diese Regeln mussten allesamt beherrscht werden, um das begehrte bronzene Tanzabzeichen zu erlangen.

Rüdiger Biel erinnert sich noch gut, dass man anfangs in der Schule bei den Klassenkameraden schief angesehen wurde, wenn man einen dieser altmodischen Tanzkurse besuchte. Das änderte sich aber schnell, als ein Schulkamerad seine Sicht der Dinge darlegte. „Völliger Quatsch, Rüdiger! Tanzen ist die einzige Gelegenheit, wo man seine Hände fast überall auf den Körper eines Mädchens legen darf und sie am Ende dafür sogar noch dankbar ist."

Zum Abschlussball waren die Eltern anwesend und es wurde gerne gesehen, dass die jungen Damen den Vater des Partners zum Tanz ermunterten oder die jungen Herren die Mütter der Begleitung aufforderten.

Uwe Zylla erzählt: „Sehr gesittet ging es am Ende wieder auf dem Abschlussball zu. Meine Eltern kauften mir zu diesem Anlass eigens einen Anzug, dessen Farbe und Schnitt ich mir weitgehend selbst aussuchen durfte. Er bestand aus Tweed in mittelgrün mit sowohl schwarzen als auch hellgrauen Einschüssen und war im Stil der Zeit eng geschnitten. Während ich mit einem Blumenstrauß als Präsent aufwartete, überreichte mir meine Tanzpartnerin am Abend ein Stofftaschentuch mit selbst gesticktem Monogramm. Mir als Schüler der 1. Knaben-Realschule bot die Tanzschule eine willkommene Gelegenheit, mit dem anderen Geschlecht ungeniert in Kontakt zu kommen. Aus der heutigen Perspektive eines Mannes lässt sich sagen, dass man nicht unbedingt Klavierspielen können muss, um Glück bei den Frauen zu haben. Eine gute Tanzfertigkeit tat es auch!"

Die Tanzschulen gingen mit der Zeit und nahmen Beat, Rock und moderne Tänze wie Disco-Fox, Jive und Rock 'n' Roll in ihre Tanzkurse auf. Die Tanzparties an Wochenenden mit aktueller Rockmusik vom Plattenteller, wie Uwe Zylla es beschreibt, waren aber nicht nur bei Heranwachsenden ausgesprochen beliebt, sondern noch mehr bei den Eltern. Schließlich galten Tanzschulen als seriös – im Gegensatz zu anderen Lokalitäten, die von den Altvorderen gerne als „Haschhöhlen" bezeichnet wurden. Ende der 1960er-Jahre befreite sich die Gesellschaft aus der piefigen, miefigen Nachkriegszeit und die Tanzparties bei Gemind und Mäser waren letztendlich die Vorläufer der Kieler Diskotheken-Szene.

Die in der Tanzschule erworbenen Kenntnisse konnte man in vielen unterschiedlichen Kieler Etablissements anwenden, die am Wochenende Paartanz anboten. Besonders beliebt waren der Wintergarten (später Bellavista), die Barberini Bar in der Kehdenstraße, die Alhambra-Terrassen, die Waldwiese (später Blauer Bock und Star-Club), die Florida-Bar in der Dänischen

Straße, Waldesruh in Hasseldiecksdamm, die Forstbaumschule in Düsternbrook und das Ballhaus Eichhof (später Ball Pompös) unweit vom gleichnamigen Friedhof. Etwas spezieller ging es im Yorck nahe dem Blücherplatz zu, das unter Insidern als Café Hemdhoch bekannt und berüchtigt war.
„Wobei sich das nicht auf die Männer bezog“, berichtet Bernd Fiedler. „Auch nicht auf die Musikkapelle, die sich den Ruf als ‚Väter der falschen Töne‘ nicht gänzlich unverdient erspielte. Lautes Mitsingen war dort ausdrücklich erlaubt, aber bei der Ansage Damenwahl sah man auch so manchen virilen Zeitgenossen in Panik zur Toilette flitzen, um einem unliebsamen Tanzvergnügen zu entgehen.“
Studenten und Intellektuelle zog es dagegen eher in den Jazzschuppen „Alte Mensa-Stuben“ bei der Universität am Westring: Ein Lokal mit plüschiger Ausstattung, aber bei den Intellektuellen war seinerzeit eben Jazz und nicht Gesellschaftstanz angesagt. Eine Besonderheit war sicherlich der Fördedampfer Heinrich,

Fördedampfer Heinrich, stillgelegt in der Schwentinemündung, Dezember 1963. Der Dampfer diente für wenige Jahres als Riverboat.

der dem 1961 gegründeten Jazz-Club Kiel an der Seegartenbrücke als Riverboat diente, aber 1963 mit dem Siegeszug der Beatmusik stillgelegt wurde.
Neuerdings gab es gemeinsame Twist- und Jazz-Tanzabende wie beispielsweise 1962 den „Treffpunkt Jugend“ in der Ostseehalle, wo die jungen Leute trotz der vielen neuen unterschiedlichen Musikrichtungen (Jazz, Rock ’n’ Roll, Beat) gemeinsam tanzten. Aber nicht mehr paarweise, das war nun völlig out bei den Heranwachsenden und blieb zukünftig der älteren Generation vorbehalten. Von den Tanzlokalen gibt es heute nur noch die Waldesruh und die Forstbaumschule, wobei Gesellschaftstanz schon seit Jahrzehnten nicht mehr angeboten wird.

Neues Tanzvergnügen in der Ostseehalle, Mai 1962.

Ende der 1960er ging die Zeit der Rocktempel, in denen Musikfans den lärmenden Bands im Star-Palast in Gaarden oder im Star-Club an der Waldwiese andächtig oder ekstatisch lauschten, so langsam zu Ende. Nicht zuletzt wegen ständiger Proteste vieler Anwohner.

Uwe Zylla wagte sich in andere Gefilde: „Als Star-Palast und Star-Club die Pforten schlossen, trieb die Neugier uns junge Leute damals in sehr konventionelle Tanzschuppen wie ‚Ball der einsamen Herzen‘ im Jägersberg. Ob wir nicht zu jung für diesen Laden seien, wurden wir an der Tür empfangen. Nach einer kurzen Stippvisite, man saß an Tischen mit Telefonen, wurden wir vom Türsteher mit den Worten verabschiedet: ‚Hab ich euch doch gleich gesagt!‘

Immerhin, das Eintrittsgeld bekamen wir zurück, das war gut. Irgendwie habe ich auch noch das Bella Vista in der Brunswiker Straße und die Florida Bar in der Dänischen Straße vor Augen. Aber auch für diese Läden waren wir viel zu jung. Ausgerechnet das Fördehochhaus in Friedrichsort bot uns unerwartet ein frischeres Format an: Livemusik, zu der auf der Tanzfläche vor der Bühne getanzt werden konnte, was ausgiebig genutzt wurde. Unter anderem trat dort Jürgen Drews erfolgreich mit seiner Rockband ‚Die Anderen‘ auf, aber auch Frumpy und die damalige Top-Band UFO aus England.“

Hans-Peter Schaknis war von dem Auftritt der Band UFO begeistert. „Man muss sich das einmal vorstellen, erst fährt man mit dem Bus gut eine Dreiviertelstunde mitten aus Kiel über die Wik und Holtenau in den etwas verschlafenen nördlichen Kieler Stadtteil Friedrichsort. Dann schleicht man durch ein nie vorher gesehenes Neubauviertel zu einem Hochhaus, in dem auch ein Hotel untergebracht ist. Vor dem Gebäude war ein Flachbau errichtet, das war die Spielstätte, wo UFO auftreten sollte. Eine Woche vorher hatte die Band noch in London im ‚Lyceum Ballroom‘ aufgespielt, zwei Tage vorher in Ludwigshafen. Das war schon eine kleine Sensation. UFO spielten aber keinen Spacerock, wie zu vermuten war, das war eher harter Boogie. Das bereitete den Tanzwütigen aber keinerlei Unbehagen und spätestens seit ihrer Interpretation von Eddie Cochrans Hit ‚C'mon Everybody' zappelten alle auf der hölzernen Tanzfläche. Schön war immer aber auch die Rücktour im Lumpensammler, so wurde der letzte Bus in die Kieler Innenstadt genannt. Wer beim Konzert noch kein Mädchen kennengelernt hatte, der konnte zum Missvergnügen des Busfahrers in der feuchtfröhlichen Stimmung dort noch zum Zuge kommen. Das war einsame Spitze."

Auch Uwe Zylla war begeistert, der beim Auftritt von Frumpy mit ihrer Frontfrau Inga Rumpf im Fördehochhaus zugegen war, was ihm zunächst besser gefiel als die aufkommenden Diskotheken. „Das waren keineswegs Konzerte, wie man sie heutzutage kennt. Der Eintrittspreis hatte nichts Astronomisches und vor der Bühne, auf der die Band spielte, befand sich eine riesige Tanzfläche. Sie wurde während der Darbietung von begeisterten Tanzenden eng belegt. Die Musiker sahen ihren musikalischen Erfolg offenkundig allein darin, wie hoch die Anzahl derer war, die paarweise oder allein in wilde Tanzbewegungen verfielen."

Das mochte sein, aber gerechnet hat sich das für die Veranstalter vermutlich kaum. Ärger mit den Anwohnern wegen des Lärms, hohe Kosten für die Bands samt Anfahrt, Unterbringung und selten ausverkauft, weil schlicht zu weit weg von der Innenstadt. Diese Erfahrung hatten bereits andere Kieler Veranstalter gemacht wie der Umtriebige Kneipier Lulu, der mit dem Lollipop in der Holtenauer Straße in Höhe der Hanssenstraße Ende der 1960er die erste Kieler Diskothek eröffnet hatte.

Kieler Kaufhäuser

Der glanzvolle Aufstieg der Kaufhäuser zum Ende des 19. Jahrhunderts wurde durch Kaufleute wie Rudolf Karstadt eingeleitet, die ursprünglich aus dem Textilhandel kamen. Karstadt gründete 1881 in Wismar das Stammhaus und eröffnete 1893 als fünfte Filiale ein Textilwarenhaus in der Kieler Schuhmacherstraße. Im gleichen Jahr zog der Gründer nach Kiel und lenkte von hier aus bis 1912 seine ständig wachsende Warenhauskette. 1910 ließ er in Kiel am Alten Markt, direkt gegenüber der Nikolaikirche, ein repräsentatives Warenhaus errichten, das 1943 einem Bombenangriff zum Opfer fiel. Erst 1956 konnte am gleichen Standort ein moderner viergeschossiger Neubau errichtet werden, in dem bei einem Umbau 1970 die erste Rolltreppenanlage Kiels eingebaut wurde. Von 1971 bis 1984 unterhielt Karstadt zudem ein kleineres Kaufhaus in der Wik und verfügte nach der Übernahme von Hertie 1994 über einen zweiten Standort im Einkaufszentrum Sophienhof am Holstenplatz. Das beliebte Stammhaus am Alten Markt mit einem breitgefächerten Angebot und einer hervorragenden Lebensmittelfachabteilung musste allerdings 2010 schließen.

Am unteren Ende der Holtenauer entstand 1957 in einem Erweiterungsbau des sechsgeschossigen Jacobsen-Hauses das Kaufhaus Merkur (eine Zweitmarke der Horten GmbH). Uwe Zylla erzählt von einem besonderen Erlebnis: „An der Ecke zwischen Koldingstraße und Preußerstraße befand sich ein verlassener Abstellplatz für alte Fahrzeuge, das muss so 1965 gewesen sein. Dort hatten wir einen ausrangierten Kleinlaster entdeckt, dessen Ladefläche mit einer Abdeckplane überdacht war, was eine ideale Zeltbehausung für uns darstellte. Der Zugang war durch ein Gebüsch vor unliebsamen Blicken geschützt.

Zeitzeuge Uwe Zylla vor dem Kaufhaus Merkur.

Nach und nach richteten wir unter der Plane eine Art häuslichen Treffpunkt mit Mobiliar und Kochgelegenheit ein. Um etwas zu kochen, benötigt man bekanntlich einige Zutaten. Da ihre Beschaffung jedoch geldliche Mittel voraussetzte, die ich nicht besaß, überlegte ich mir, wie wir das Kochziel alternativ erreichen könnten. Die Lebensmittelabteilung im Kaufhaus Merkur war mir wohlbekannt. Ich wusste, dass einige meiner Freunde sich dort schon manches Mal die eine oder andere Süßigkeit beschafft hatten, ohne sich an der Kasse zum Zahlen anzustellen.

Einer meiner ‚Freunde' machte sich also auf den Weg in den ersten Stock des Kaufhauses, um das zu stehlen, was wir zur Herstellung einer Suppe benötigten. Bedauerlicherweise fehlte ihm für die geplante Beschaffungskriminalität das praktische Geschick. Jemand beobachtete ihn dabei, wie er einen Suppenwürfel in seiner Tasche verschwinden ließ. Nachdem er den Lebensmittelbereich verlassen hatte, hielt ihn ein Mitarbeiter des Kaufhauses fest und forderte ihn auf, die Hosentaschen auszuleeren. Als das Diebesgut ans Tageslicht kam, drohte der Mitarbeiter damit, die Polizei zu rufen.

Das rief bei unserem stehlendem Freund heftigste Angst hervor. Seinem inständigen Flehen wurde tatsächlich nachgegeben und so landete er nur in einem Büro der Kaufhausverwaltung, wo der Mitarbeiter mit einem Kollegen seine Personalien aufnahm. Er sollte seinen Eltern über den Vorgang berichten und sie für den nächsten Tag in die Verwaltung des Kaufhauses einbestellen.

Bei ihm zu Hause entstand nach seiner Beichte dicke Luft, aber wenigstens musste er, wie sonst so oft, keine Prügel einstecken, weil er seinen Eltern hoch und heilig versprach, zukünftig von einer Karriere als Kaufhausdieb abzusehen. Als seine Eltern in der Kaufhausverwaltung erschienen, wurde ihnen erklärt, dass ihr Sohn wegen des Diebstahls das Kaufhaus mehrjährig nicht mehr betreten durfte.

Das war eigentlich ein großes Glück für ihn, denn in letzter Konsequenz bedeutete dieses Hausverbot, dass seine Eltern ihn nicht mehr dorthin zum Einkaufen schicken konnten. Die mussten sich nun selber auf die Socken machen.“

Das Kieler Kaufhaus Merkur wurde übrigens 1988 als letzte deutsche Filiale von Horten geschlossen.

An der Holstenbrücke wird am 17. September 1951 der Neubau des Kaufhauses DeFaKa (Deutsches Familien-Kaufhaus) mit einer Herbst- und Wintermodenschau eröffnet. DeFaKa war ebenfalls eine Zweitmarke der Horten GmbH, wobei der Schwerpunkt auf Textilien lag. Im Erdgeschoss quartiert sich zunächst Woolworth ein, bezieht später aber schräg gegenüber einen Neubau. 1974 schließt DeFaKa die Tore.

Das ehemalige Kaufhaus Kepa wurde 1954 in der Holstenstraße eröffnet. Die Kepa GmbH war eine deutsche Warenhauskette, die 1926 ursprünglich als „Epa" gegründet wurde. Sie fungierte als Niedrigpreis-Kette von Karstadt mit Einheitspreisen. Nach dem Verbot des Einheitspreissystems im Nationalsozialismus erfolgte 1937 die Umbenennung in Kepa, was einfach nur „keine Epa" bedeutete. Später wurde die Abkürzung gelegentlich als „Karstadt-Einkauf-Paradies" interpretiert. 1956 verfügte das Unternehmen über 29 Filialen und galt als größtes Groschenladen-Unternehmen Deutschlands. 1978 wurde die Kieler Filiale zum Karstadt Sporthaus umgewandelt.

Am 20. Juli 1956 wurde als erstes Kaufhaus auf dem Ostufer GeKa (Gaardener Kaufhaus) in der Elisabethstraße zwischen Augustenstraße und Jägerstraße mit großem Klamauk eröffnet. Erst stiegen Luftballons in den Himmel und dann spazierte der seinerzeit bekannte Fassadenkletterer Armin Dahl (Spitzname Klettermaxe), der in seiner Karriere insgesamt mehr als 100

Die Elisabethstraße mit dem Gaardener Kaufhaus, im Hintergrund die Portalkräne der Howaldtswerke (1967).

Knochenbrüche erlitt, waghalsig mit Bällen jonglierend auf dem Dach herum. Als Höhepunkt seiner Darbietung bestieg der Klettermaxe auf dem Dachfirst in schwindelnder Höhe eine Leiter, die er sogar wie auf Stelzen zum Laufen brachte, was die zahlreichen Schaulustigen erschaudern ließ.

Die sehr beliebten Sommer- bzw. Winterschlussverkäufe waren ursprünglich zeitlich limitierte Veranstaltungen mit dem Ziel, Artikel der abgelaufenen Saison günstig zu verkaufen, um das Lager für Artikel der kommenden Saison zu leeren. Erst seit 2004 dürfen Schlussverkäufe durch neue gesetzliche Bestimmungen nach Belieben durchgeführt werden und sind nicht mehr nur auf Saisonartikel beschränkt.

Marita Graff vom Dreiecksplatz berichtet über einen speziellen Sonderverkauf in Kiel, nämlich die Schuhschwemme im Gewerkschaftshaus in der Legienstraße. „Kleidung und Schuhe waren in den 1980ern zwar meistens von guter Qualität, aber sie waren auch entsprechend teuer. Da die Füße der Kinder und Jugendlichen aber schneller wuchsen, als es dem Budget einer normalen Familie lieb war, fanden wir eine günstigere Quelle für unseren Bedarf an Schuhwerk, die jährlich stattfindende Schuhschwemme im Gewerkschaftshaus in der Legienstraße. Heutzutage würde man vermutlich Fabrikverkauf (oder Outlet) dazu sagen.

Die preiswerten Schuhe türmten sich zwar bergeweise auf handgezimmerten Wühltischen, aber die wahre Herausforderung bestand darin, den zweiten Schuh in gleicher Größe zu finden. Wobei es sich bei dem gesamten Sortiment in der Regel um Exemplare minderer Qualität handelte, die selten der aktuellen Mode entsprachen. Wenn ein Paar Schuhe jedoch gefiel, dann konnte man fast sicher sein, dass einer davon längere Zeit in einem Schaufenster ausgestellt und ausgeblichen war. Meine Tochter Marina und ich waren eigentlich immer nur da, um uns zu amüsieren. Das Lachen verging uns beiden allerdings beim Verlassen der Schuhschwemme, denn da gab es eine strenge Handtaschen- und Schulranzenkontrolle. Undenkbar heute."

Im Mai 1971 wurde in Kiel das Ende der Glanzzeit der Kaufhäuser mit fachkundigen Bedienungen eingeläutet, als zwischen dem Winterbeker Weg und der Saarbrückenstraße ein Vollsortiment-Selbstbedienungsgeschäft unter dem Namen SB-Stadt Plaza eröffnet wurde, in dem anfangs sogar Möbel verkauft wurden. Über die riesigen Parkflächen vor, neben und hinter dem Komplex freuten sich die vielen Autofahrer, die keine Lust hatten, in der Innenstadt nach Parkplätzen suchen zu müssen. Noch bequemer war es, sein Fahrzeug auf der Seitenrampe zum Parkplatz auf das Dach zu lenken und von dort aus auf einer Rolltreppe hinunter in den überdachten Eingangsbereich zu gleiten.

Aber bereits einige Jahre später folgte das wirtschaftliche Ende der meisten klassischen Kaufhäuser. Der Konkurrenz durch den Ostseepark in Raisdorf (jetzt Schwentinental), der auf einem Gewerbegebiet an der Bundesstraße B76 seit dem Ende der 1960er kontinuierlich ausgebaut wurde und sich mit zahlreichen Warenhäusern, Fachmärkten, Möbelhäusern und Restaurants inzwischen als das größte Einkaufszentrum Deutschlands bezeichnet, hatten sie nichts entgegenzusetzen.

So ein Schund!

An der Kieler Bergstraße gab es bis zum Ende der 60er-Jahre stadteinwärts auf der rechten Seite eine große Freifläche mit Trümmern aus der Kriegszeit, wo heute der Bergstraßenkomplex mit den Vergnügungslokalen steht. Das Gelände war zur Straßenseite von einem Bretterzaun begrenzt. Davor standen einige kleine Holzbuden, in denen unter anderem Obst und Gemüse, Tabakwaren und Zeitschriften verkauft wurden. Uwe Zylla kann sich gut daran erinnern.

„Die Zeitschriftenbude wies eine besondere Attraktivität für mich auf. Der Inhaber betrieb einen schwunghaften Handel mit verschiedensten Comic-Heftchen, darunter mehrheitlich gebrauchte Exemplare, die man eintauschen konnte. Wer zwei Hefte brachte, konnte ein anderes gebrauchtes aus dem Angebot wieder mitnehmen. Der Betreiber prüfte die zum Tausch vorgelegten Ausgaben sehr genau, sie mussten in einem tadellosen Zustand sein. Hin und wieder wies er Tauschware energisch zurück. Das war besonders ärgerlich, weil der Tausch erst stattfand, nachdem man sich aus dem Gebrauchtbestand andere Hefte ausgesucht hatte. Bei einer Heftzurückweisung hieß es dann entweder bezahlen oder zurücklegen. Die Preise für einen gebrauchten Comic schwankten zwischen 10 und 30 Pfennig, je nach Produkt. Ich tauschte meist Micky Maus oder Illustrierte Klassiker. Letztgenanntes illustriertes Geschichtsmagazin erscheint heute nicht mehr. Es handelte sich dabei um Bilderfolgen mit Texten, die Werke der Weltliteratur oder Ereignisse der Weltgeschichte darstellten.

Ich profitierte später auf der Realschule im Geschichtsunterricht unerwartet von der Lektüre der Illustrierten Klassiker. So hatte meine Klasse die Hausaufgabe, aus dem Geschichtsbuch ein

Kapitel über die spanische Eroberung Mexikos zu lesen. Doch keiner, mich eingeschlossen, hatte das nachgelesen. Als der Geschichtslehrer das Wissen im Unterricht überprüfte, waren die Antworten meiner Mitschüler ernüchternd für ihn, bis ich an die Reihe kam. Aufgrund meiner Erinnerungen an den ‚Illustrierten Klassiker' über die Eroberung des Aztekenreichs konnte ich auf jede Frage eine korrekte Antwort geben, und so erwarb ich mir neben der Sympathie des Lehrers als Einziger eine gute Note im roten Lehrerkalender."

Die Kieler Woche

Einmal im Jahr gibt es in der letzten vollen Juniwoche in der Landeshauptstadt eine fünfte Jahreszeit: die Kieler Woche. Nicht nur ein Mekka der Segler, die Mutter aller Regatten, sondern inzwischen das größte Sommerfest im Norden Europas und Völkerfreundschaftsparty. Anfangs stand die Segelleidenschaft im Vordergrund und zur ersten Wettfahrt 1882 von 20 Marineoffizieren und Kaufleuten kamen scharenweise Gäste mit Sonderzügen aus Hamburg, Eckernförde und Preetz. Aus weiter entfernten Orten reiste man mit Dampfschiffen an. Aus dieser ersten Wettfahrt wurde in kurzer Zeit eine internationale Regattaserie mit internationaler Beteiligung, die auch Prominente wie Könige, Kaiser und Industrielle anlockte.

Nach dem Zweiten Weltkrieg veranstaltete die englische Besatzungsmacht 1945 und 1946 zweimal die „Kiel Week", allerdings ohne Kieler. Der beliebte Oberbürgermeister Andreas Gayk organisierte daraufhin 1947 ein Fest der Völkerverständigung, und 1949 verschmolzen Volksfest und Regatten zu einer Veranstaltung. Wenn seitdem am letzten Samstag vor der letzten vollen Juni-Woche das Typhonsignal „lang, kurz, kurz, lang" über den Kieler Rathausmarkt dröhnt, was „Leinen los" bedeutet, setzen sich nicht etwa Boote in Bewegung, sondern massenweise Feierwütige und Nachtschwärmer. Die Kieler Woche beginnt mit dem Holstenbummel, für den zahlreiche Veranstaltungen in Vorstadt und Altstadt auf den Plätzen angeboten werden. Seinerzeit allerdings nicht lange, denn spätestens um 22 Uhr schritten wegen ruhestörendem Lärm strenge Ordnungshüter ein. Da musste man notgedrungen in Lokalitäten wie den Seeteufel im Kieler Rotlichtbezirk ausweichen.

Trotz aller Einschränkungen, „Leinen los!“, jubelten die Kieler Nachrichten zur Eröffnung der Internationalen Kieler Woche. Straßenbahnen und Busse tragen an den Dachecken Fähnchen mit der Landesflagge und dem Kiel-Wappen, die fröhlich im Fahrtwind flattern. Die Feierwut steckte alle Kieler an und dass selbst national gesinnte Eltern plötzlich mit Dänen Freundschaft schlossen, erstaunte den Rest der Familie.

In den 1960er-Jahren änderte sich der Charakter des Holstenbummels grundlegend, weil jetzt Jugendliche in Massen zur Innenstadt strömten, wo viele Bands mit aufgedrehten Verstärkern euphorisch gefeiert wurden. Die Altvorderen suchten derweil eher ruhigere Veranstaltungsorte auf, um sich kulinarisch auf dem Rathausplatz mit bisher unbekannten Speisen und Getränken aus aller Herren Länder zu verköstigen. Die wenigsten Feierwütigen dürften eine Segelregatta verfolgt haben, weil die Wettkämpfe meistens weitab von der Innenstadt auf der Außenförde ausgetragen wurden. Es gab zwar Regattabegleitfahrten, aber diese Dreieckskurse, bei denen der Wind aus allen Rich-

Die Kieler-Woche-Plakate aus dem letzten Jahrhundert.

tungen gemeistert werden musste, verstanden die wenigsten Schaulustigen. Vermutlich auch nur jene, die im Wettkampf in den Segelschiffen der verschiedenen Bootsklassen saßen, denn Steuerleute mancher Begleitboote durchpflügten bisweilen in Unkenntnis der Regeln ganze Regattafelder. Festzuhalten ist, dass wenigstens seitdem in jeder letzten Juniwoche der Stolz der Kieler auf die vom Krieg schwer heimgesuchte Heimatstadt zu spüren war.

Mit der Bekanntgabe, dass in Kiel die olympischen Segelwettbewerbe 1972 stattfinden würden, änderte sich der Charakter der Stadt gewaltig. Geld sprudelte plötzlich ohne Ende in die bisher von Bonn stiefmütterlich behandelte Landeshauptstadt, wobei das meiste davon, dem Zeitgeist folgend, in Beton versenkt wurde, so wie das Olympiazentrum in Kiel-Schilksee. Bei den jungen Leuten kam das gut an, zumal in der Bergstraße ein großartiger Vergnügungskomplex für Jung und Alt entstand, von den Nachtschwärmern „Berger" genannt. Sogar das Rotlichtviertel wurde gründlich entrümpelt und mit Diskotheken wie

dem Marquis und Countdown aufgewertet. Die Sperrstunde lag weit nach Mitternacht. Die zwischen Altem Markt und dem Rotlichtviertel neu geschaffene Eggerstedtstraße entwickelte sich ab den 1980ern zunehmend zur Partymeile, weil vom neu gestalteten Alten Markt mit der Disco Joy in einem der seinerzeit futuristisch gestalteten Pavillonbauten aus Beton immer mehr Feierlustige strömten.

Hafenkneipen

Der Aufstieg Kiels zum Reichskriegshafen 1865 führte in der Wik zum Bau der Technischen Marineschule, des Marinelazaretts, der Petruskirche als Garnisonskirche und vieler Marinekasernen. 1935 kam die Eröffnung der Marinefachschule für Gewerbe und Technik hinzu. Im Laufe der Zeit siedelten sich in der Adalbertstraße viele Kneipen und Geschäfte an, um von den vielen Marinesoldaten zu profitieren. Jede Besatzung der bis zu acht Zerstörer entschied sich für eine Kneipe, für „ihre" Kneipe, in der Kameraden von anderen Schiffen nicht gerne gesehen wurden. Unter Marinesoldaten wurde die Adalbertstraße „kleiner Streifen" genannt im Gegensatz zum „großen Streifen", dem Kieler Rotlichtbezirk um die Flämische Straße.
Zu Beginn des Ersten Weltkriegs waren im Maritimen Viertel 30.000 Soldaten stationiert, heute sind es lediglich 3000. Mit dem allmählichen Abzug der Marine sind die meisten Marinekneipen verschwunden. Heute gibt es nur noch die liebevoll mit maritimen Erinnerungsstücken geschmückte Pinasse als letzte Kieler Hafenkneipe, die früher fest in der Hand der Besatzung vom Lenkwaffenzerstörer Lütjens war. Seit der Eröffnung im Ap-

Die Technische Marineschule, 1973.

ril 1970 wird sie von einer hölzernen Gallionsfigur neben dem Tresen gut bewacht.

Helmut Knoll, ein ehemaliger Fregattenkapitän und jetziger Inhaber der Pinasse, berichtet von turbulenten Zeiten. „Wenn du noch in den 1980ern um 20 Uhr hier am ‚kleinen Streifen' in eine Kneipe gekommen bist, dann hast du in dritter Reihe am Tresen gestanden und keinen Sitzplatz mehr bekommen."

Ein Sitznachbar am Tresen stimmt zu. „Ja, klar. An Bord gab es lediglich einen Aufenthaltsraum für 85 ‚Seelords', also ist man zügig an Land gegangen. Die Pinasse hat sonnabends um 8 Uhr morgens aufgemacht, da brannte sofort die Luft hier."

Auf jeden Fall trugen die Hafenkneipen dazu bei, dass die Disziplinarstrafen zunahmen, behauptete seinerzeit der Kommandant eines Zerstörers. Die Kieler Nachrichten berichteten von einer Auseinandersetzung in der Adalbertstraße, bei der die Besatzung vom Zerstörer Z3 die Kameraden vom Lenkwaffenzerstörer Rommel vermöbelt haben sollen, die vergeblich auf der Suche nach einer freien Kneipe waren.

Die Stimmung in der Pinasse hat sich bis heute nicht verändert. Man kennt sich. So nimmt es nicht wunder, dass wenige Minuten nach der Öffnung um 17 Uhr die meisten Plätze besetzt sind. Gastwirt Helmut Knoll ist stolz auf seine Stammkundschaft: „90 Prozent meiner Gäste kenne ich, seitdem ich die Pinasse übernommen habe. Viele davon haben hier bereits verkehrt, als sie vor Jahrzehnten noch Makrelencowboys bei der Bundesmarine waren."
Das ist kaum verwunderlich bei dem eindrucksvollen Ambiente mit vielen maritimen Schmuckstücken, moderaten Preisen und einem tollen gemischten Publikum. Eine echte Kultkneipe eben.

Hafenkneipe mit vielen, nicht nur musealen Schmuckstücken.

Sportsfreunde

Der Fußballverein Holstein Kiel wurde 1912 Deutscher Meister und die Fußballbegeisterung in Kiel überdauerte zwei Weltkriege. Claus-Peter Minkwitz berichtet: „Das Taschengeld reichte von vorne bis hinten nicht für den Eintritt. Aber immerhin: Hatte man vor Spielbeginn genügend Stadionhefte verteilt, bekam man anschließend freien Eintritt. Der Fußballstar war seinerzeit Bubi Hönig, der leider 1967 zum HSV wechselte. Aber sein Werbespot aus damaliger Zeit war: Nach dem Spiel mach's wie wir, trink ein kühles Holsten-Bier. Den Trunk aus der damaligen Kieler Brauerei genehmigten sich viele Zuschauer und so konnten wir Jugendlichen unser Taschengeld später im Stadion mit dem Einsammeln zahlreicher leerer Bierflaschen der Sorte Holsten Edel aufbessern."

Allerdings war das Holsteinstadion seinerzeit in einem erbärmlichen Zustand und wer nicht das Geld hatte, sich einen Sitzplatz auf der kleinen, überdachten Haupttribüne zu leisten, der wurde oft von Wind und Wetter heimgesucht, denn es gab keinerlei Schutz.

Claus-Peter Minkwitz hat aber auch eine gute Erinnerung an den Holstein-Acker: „Wer kennt noch Uwe Beyer? Bis 1968 gehörte er zu Holstein Kiel. Ein erfolgreicher Hammerwerfer, sein größter Erfolg war die Bronzemedaille 1964 in Tokio: Aufgrund seiner Popularität erhielt der Athlet ohne schauspielerische Erfahrung eine Hauptrolle als Siegfried im ersten Teil der Kinoproduktion ‚Die Nibelungen'. Er wohnte mit seinen Eltern um die Ecke in der Hansastraße und auf dem Weg zur Goethe-Schule klingelten wir dort oft und baten um Autogrammkarten, die er immer gerne gab."

Nun ist Uwe Beyer leider recht jung verstorben und die Gerüchteküche um ihn wegen der möglichen Einnahme verbote-

Handballspiel THW Kiel gegen Frischauf Göppingen im Halbfinale um die Deutsche Meisterschaft (1972).

ner Substanzen brodelt nach wie vor. Nicht so beim THW Kiel, dem deutschen Handball-Rekordmeister. Früher gab in der eher kargen Ostseehalle einen grünen Holzfußboden und keinerlei Absicherungen für Zuschauer. Dafür wurde in den Gängen hinter den Zuschauerrängen vor Anpfiff und in der Pause kräftig gebechert, und zwar nicht nur Bier. Ein ehemaliger Sportsfreund berichtet: „Ja, klar. Wenn die Schiedsrichter Scheiße bauten und den THW verpfiffen, dann flogen nach dem Spiel auch gerne einmal kleine geleerte Jägermeister-Fläschchen zu ihnen auf das Spielfeld. Das war seinerzeit nicht unüblich."

Das unsportliche Verhalten der Fans änderte sich ab 1994, denn seitdem wurde nur noch Bier ausgeschenkt und der THW Kiel ist längst Deutscher Rekordmeister!

Kultkneipen

In Kiel gab und gibt es eine Menge kultige Kneipen. Als Mutter aller Etablissements gilt wohl der Club 68. Urige Gastlichkeit, frisch gezapftes Bier, zeitgenössische Kunst, echte Livemusik und das wohl beste Bauernfrühstück in der Stadt gibt es in der Ringstraße Hausnummer 68, nach der die Lokalität benannt wurde. Holger Henze – Wirt, Koch und Kunstkenner, Fahrer und Eigentümer des Red Porsche im legendären Werner-Rennen mit Rötger Feldmann – serviert bis heute allabendlich selbst. Holger Henze hatte in Berlin Kunst studiert und war über alle Sparten von der Malerei über die Fotografie bis zum Film aktiv. 1968 übernahm er die Führung der Galerie Club N°68. Das Programm war so bunt und wild wie die jungen Künstler – mit Filmtagen, Kunstmärkten, Musikkonzerten und monatlich wechselnden Ausstellungen.

Dabei war es gar nicht so einfach, in den Club hineinzukommen, wie Rüdiger Biel berichtet. „Das war ein Club, also eine geschlossene Gesellschaft, um die Sperrstunde zu umgehen. Man musste an der Tür klopfen. Daraufhin wurde eine Luke geöffnet und man wurde gefragt, ob man Mitglied sei. Noch nicht, aber gleich, antwortete ich. Nach einem längeren prüfenden Blick öffnete sich die Eingangstür und wenig später erhielt ich den kleinen Clubausweis, den ich am nächsten Tag stolz in der Schule herumzeigte."

Das Wubbke in der Holtenauer Straße gibt es seit 1972. Der Wirt Denis Hayes schenkte zum ersten Mal in Kiel am 1. April 1974 das irische Guinness aus, nach seinen Aussagen das beste Guinness östlich von Dublin. Im Wubbke trifft man heute noch auf Kieler aller Altersgruppen: Studenten, ehemalige Studenten, Schüler und Auszubildende, manchmal sogar mit Eltern und Großeltern. Zudem werden gute irische und schottische Whiskeys angeboten und essen kann man dort wie seit jeher preiswert und gut. Berühmtheit hat insbesondere der Wubbke-Hamburger erlangt, von dem einige Ketzer behaupten, er schmecke besser als das Produkt eines weniger bekannten Anbieters aus den USA.

„Heinrich der achte“ war eine Studentenkneipe und Pizzeria in der Holtenauer Straße, die vor mehr als 50 Jahren eröffnet wurde. In der Anfangszeit gab es dort den ersten Holzbackofen in Kiel, in dem Pizza nach „Art des Gastes“ (Belag nach Wahl) zubereitet wurde. Die Einrichtung strahlte eine positive Stimmung aus und hinter dem Restaurant lud ein kleiner und ruhiger Biergarten zum Verweilen ein. Das Restaurant wurde nach einem Wasserschaden im Herbst 2022 geschlossen.

Kiels traditionsreichste Studentenkneipe ist vermutlich das Oblomow in der Hansastraße, das Ende der 60er-Jahre von einem Kollektiv um den Gastronomen Rudolf Pieritz gegründet wurde und über Jahrzehnte ein vertrautes Bild bot mit dem Flipper im Eingangsbereich und der großen Modellstraßenbahn, die oberhalb des Tresens emsig hin- und herfuhr. Studenten auf dem Weg zur Uni stellten sich die Frage, ob sie besser vor oder nach den Vorlesungen einkehren sollten. Nicht jeder war willensstark und so war das Lokal oft bereits am Vormittag gut besucht.

Kiels urigste noch bestehende Traditionskneipe ist vermutlich der „Chill out Club Palenke“, eine Eckkneipe in der Gerhardstraße mit dem Slogan „Cold Food – Warm Beer – Lousy Service“. Viele Reklameschilder und Musikposter vergangener Jahrzehnte schmücken die Wände, was eine gemütliche Atmosphäre schafft. Und ein altes Motorrad als Deko im Schaufenster gibt es nun auch nicht in jeder Kneipe. Hier kann man schon am frühen Abend versacken.

In der Holtenauer Straße, unweit vom Dreiecksplatz, gab es die Kneipe mit dem längsten Namen, das „Llanfairpwllgwyngyllgogerychwyrndrobwllllantysiliogogogoch“, mit seinen 58 Buchstaben der wohl längste Ortsname Europas auf der walisischen Insel Anglesey. Von den Stammgästen wurde die Kneipe kurz „Llanfair“ genannt. Betrieben hat die Lokalität der inzwischen sehr bekannte Autor und Comiczeichner Henning Schöttke, was sich in der fantasievollen Ausstattung zeigte. Wer Schach spielen wollte, benutzte die liebevoll gestalteten großen Comicfiguren, die an der Decke hingen. Henning Schöttke kann sich noch gut an seine Zeit als Wirt erinnern. „In den 1980er-Jahren führte ich zusammen mit meiner Frau Claudia am Dreiecksplatz in Kiel die Szenekneipe Llanfairpwllgwyngyllgogerychwyrndrobwllllantysiliogogogoch. Der Name, einem Dorf in Wales entlehnt, war als Spielerei gedacht und bescherte uns unerwartete Aufmerksamkeit – bis hin zu einem Telefoninterview mit Radio Wales. Abgesehen von der über einen Meter langen Speisekarte – um den kompletten Namen abzubilden – gab es bei uns auch andere Kuriositäten: einen umgekehrt von der Decke hängenden Pokertisch samt Stühlen, Biergläsern und zum Einsatz verwende-

Das Llanfair war eine Künstlerkneipe.

Wirt Henning Schöttke bei der Arbeit.

ten Streichhölzern sowie ein ebenfalls an der Decke hängendes Schachspiel. Die Figuren waren aus Styropor und Pappe, der König etwa 70 cm hoch. Einige Kneipengäste und ich spielten Telefonschach gegen einen Profispieler. In der Mitte von jedem Feld gab es einen Haken. Vor Öffnung der Kneipe stieg ich dann auf den Tisch darunter und hängte eine Figur um. Ein einziges Spiel dauerte etwa neun Monate.“

Fährhaus des Nordens

Traditionell spielte der Fährverkehr in Kiel eine große Rolle und dessen Bedeutung stand und fiel mit den jeweiligen politischen Verhältnissen. Bereits im 18. Jahrhundert gab es regelmäßige Schiffsverbindungen von Kiel nach Kopenhagen und St. Petersburg. Mit dem Aufkommen der Dampfschifffahrt wurde das Angebot erweitert und Mitte des 19. Jahrhunderts gab es Schiffsverbindungen nach Aarhus, Christiania (heute Oslo), Flensburg, Göteborg, Korsör und Lolland. Im 20. Jahrhundert wurde jedoch mit den beiden Weltkriegen auf vielen Linien der Betrieb eingestellt.

Für die neuerliche Einrichtung einer Fährverbindung zwischen Kiel und Oslo wünschte sich der norwegische Reeder Anders Jahre in den 50er-Jahren eine repräsentative Abfertigungsanlage. So wurde der Oslo-Kai (heute Ostseekai) nördlich vom Seegarten unweit vom Kieler Schloss errichtet und mit der Inbetriebnahme des Fährschiffs Kronprins Harald, gebaut bei den Kieler Howaldtswerken am 3. Mai 1961, in Betrieb genommen. Dies war der Anstoß zu Kiels Entwicklung zum „Fährhaus des Nordens". Bereits 1965 folgte das Schwesterschiff Prinsesse Ragnhild auf der wirtschaftlich erfolgreichen Route.

Der Oslo-Kai führte zur Einrichtung verschiedener weiterer Fährverbindungen von Kiel nach Dänemark: 1963 nach Nakskov, 1964 nach Faborg, Korsör und Sonderburg und 1965 die Langelandlinie nach Bagenkop. Wegen des wachsenden Verkehrsaufkommens wurde der Oslo-Kai ab 1964 erweitert. Die Verbindungen nach Dänemark lebten vor allem von den „Butterfahrten" und wurden nach dem Wegfall des zollfreien Einkaufs allesamt eingestellt.

Dagegen hatte der schwedische Reeder Sten A. Olssen 1967 den Fährbetrieb nach Göteborg mit der „Stena Germanica" erfolgreich aufgenommen, die 1973 durch die „Stena Scandinavica" ersetzt

wurde. Für die ständig größer werdenden Schiffe der Stena-Line wurde 1982 das Stena-Terminal am Bootshafen gebaut.
Nach dem Zerfall der Sowjetunion und dem Ende des Kalten Krieges 1991 war ein intensiver Handel mit Osteuropa möglich. Dazu wurde der Ostuferhafen ausgebaut und so gab es bereits 1991 wieder eine Verbindung nach St. Petersburg, 1992 folgen Verbindungen nach Klaipeda (ehem. Memel), Riga und Tallinn (bis 2004) und ab 1993 auch für einige Jahre nach Kaliningrad (ehem. Königsberg). Insbesondere hat sich der Einsatz attraktiver RoRo-Schiffe für den Frachtverkehr bewährt, die den Reisenden durchaus Kreuzfahrtambiente bieten.
Inzwischen laufen täglich mit der „Color Magic“ und der „Color Fantasy“ zwei der größten Fährschiffe der Welt Kiel an, für die eigens ein Norwegen-Terminal auf dem Ostufer errichtet wurde. Der veraltete Oslo-Kai wurde mittlerweile zu einem Kreuzfahrtschiff-Terminal umgebaut.

Die moderne Großfähre Color Magic in der Kieler Förde auf dem Weg nach Oslo.

Die Primus war bis 1945 eine der Gaardener Fähren.

An dieser Stelle soll der „Schuhkarton“ nicht unerwähnt bleiben, wie die Kieler die kantige Personenfähre „Adler I“ nennen, die unermüdlich im Viertelstundentakt den Nord-Ostsee-Kanal zwischen den Stadtteilen Wik und Holtenau quert. Da es sich bei dem Kanal um eine künstliche Wasserstraße handelt, ist die gut 300 Meter weite Kreuzfahrt kostenfrei, auch für Radfahrer. Der ehemalige Kapitän Sieghard Günther hat einmal vorgerechnet, wie oft er bei Wind und Wetter pro Jahr hin- und herpendelt: 10.400-mal, was ungefähr einer Erdumrundung entspricht.

Butterfahrten

Die Fair Lady war ein Ausflugsschiff, das in den 1980ern und 1990ern für Butterfahrten zwischen Kiel und Marstal auf der dänischen Insel Ærø im Einsatz war. Als Butterfahrt wurde eine Fahrt auf einem Ausflugsschiff bezeichnet, die kurzfristig über die deutsche Zollgrenze auf See hinausführte. Der Aufenthalt außerhalb der deutschen Gewässer ermöglichte es den Passagieren, zahlreiche Artikel im bordeigenen Duty-free-Shop zollfrei einzukaufen und in begrenzten Mengen nach Deutschland einzuführen. Vor allem die in Dänemark seinerzeit erheblich preiswertere Butter, nach der diese Tagestouren benannt wurden, aber natürlich auch Tabak (eine Stange Zigaretten), Spirituosen (ein Liter Schnaps) und Parfüm.

1981 erklärte der Europäische Gerichtshof diese Abgabenfreiheit auf Butterschiffen mit dem europäischen Recht für unvereinbar und so mussten die Butterschiffe vor der Freigabe des zollfreien Einkaufs wenigstens einmal im Ausland anlegen. Allerdings reichte es, wenn der Festmacher kurz ein Tau um einen Poller im dänischen Hafen schlang, was nach internationalem Recht als Anlegen galt. Auf der Rückfahrt stürmten die zahlreichen Passagier den Duty-free-Shop.

Butterfahrten wurden fast zum Nulltarif angeboten, weil am Warenverkauf gut verdient wurde. Das lockte selbst Jugendliche wie die Schülerin Marina Lau an. „Es muss so um 1988 gewesen sein, als ich noch keine 16 war. Da durfte man als Schülerin ja nirgendwo hin, wo es spannend war. Immerhin konnte ich meinen Klassenkameraden Kay überreden, mit mir einen Tag die Schule zu schwänzen, um eine Butterfahrt zu unternehmen. Eine Schiffstour ins Ausland nach Dänemark und zurück für drei Mark inklusive Frühstück. Die dazu zwingend notwendigen Kinderausweise waren nicht das Problem, denn wir beide wussten, in welcher Schublade unserer Eltern die lagen. Das zweite Problem, die unbedingt notwendige Begleitung von Erwachsenen, lösten wir, indem wir uns am Bahnhofskai zu einer Gruppe von wartenden Rentnern vor der Gangway des Butterschiffes stellten und sie freundlich in Gespräche verwickelten. Ohne Probleme wurden wir im Pulk der Rentner vom Schiffspersonal an Bord durchgewunken.

Wir beiden Schüler waren heiß darauf, internationales Flair auf einer Schifffahrt ins Ausland zu schnuppern und teure Schokolade wie die schweizerische Toblerone oder Marabou aus Schweden für kleines Geld einzukaufen. Als wir den Salon der Fair Lady betraten, bemerkten wir aber, dass zollfreie Butter, Zigaretten oder Schnaps für echte Butterfahrer nur Nebensache waren. Es ging in dem schon vormittags verqualmten Salon bei Schnaps und Kartenspiel um Geselligkeit und gute Stimmung an Bord, um der Langeweile des Alltags zu entfliehen und einen unbeschwerten feuchtfröhlichen Tag auf der Ostsee zu verbringen.

In Dänemark war ich vorher noch nicht gewesen und war gespannt, aber dort habe ich vom Oberdeck nur das sekunden-

Auf den Butterfahrten ging es feuchtfröhlich zu.

lange An- und Ablegemanöver verfolgen können, dann ging es schon mit voller Kraft zurück nach Kiel. Aber nun konnten Kay und ich uns Schokolade kaufen. Wobei das für Kay nicht lustig ausging, weil ihn seine Eltern wegen der Butterfahrt zur Rede stellten und ihm Stubenarrest erteilten. ‚Kay, schlimm genug, dass du den Ausweis entwendet hast. Aber auch noch Schule schwänzen, Junge, das geht ja gar nicht!"
Als im Juni 1999 die EU allerdings die Butter vom Boot nahm, weil der zollfreie Einkauf gegen EU-Recht verstieß, war das ein schwerer Schlag für zahlreiche Arbeitnehmer bei den Reedereien und auf den Schiffen, denen gekündigt wurde. Aber auch für Passagiere jeglichen Alters, für die Butterfahrten mehr als nur ein zollfreier Einkauf auf der Ostsee waren.

Olympisches Feuer

Nachdem im April 1966 entschieden worden war, dass die 11. Olympischen Spiele 1972 in München ausgetragen werden sollten, konnte sich Kiel gegen Lübeck (Travemünde) für die Ausrichtung der Segelwettbewerbe durchsetzen und wurde nach 1936 zum zweiten Mal Olympiastadt. Die Stadtverwaltung warb hohe Fördermittel ein, um nicht nur die verkehrstechnisch abgelegene Landeshauptstadt an das bundesdeutsche Autobahnnetz anzubinden, sondern ihr auch zu einer modernen großstädtischen Infrastruktur zu verhelfen.
In Schilksee, ehemals ein abgelegenes kleines Fischerdorf nördlich vom Nord-Ostsee-Kanal, wurde am Ostseestrand auf dem Gelände eines ehemaligen Marinedepots mit hässlichen Militärbaracken ein großzügiges Olympiazentrum errichtet. Mit dem Aus-

bau der innerstädtischen Verkehrsknoten, dem Bau einer zweiten Holtenauer Hochbrücke und einem Zubringer wurde das Olympiazentrum an das innerstädtische Verkehrsnetz angeschlossen.
Mit den Olympischen Spielen in München und Kiel wollte sich die Bundesrepublik der Welt als erfolgreiches demokratisches Land präsentieren, und so wurden 500 Millionen Mark in und um Kiel herum in die Infrastruktur hineingepumpt, hauptsächlich finanziert von Bund und Land.
„Ein Geldsegen, den man nicht so schnell wieder haben kann", schrieb Günther Bantzer, der damalige Oberbürgermeister Kiels, treffend. Der Alte Markt mit seinen Pavillons wurde neu gestaltet, ebenso der zentrale Omnibusbahnhof neben dem Hauptbahnhof, die Uferpromenade Kiellinie vom Oslo-Kai bis zum alten Olympiahafen, der schwarz verspiegelte Kubus-Anbau des Stadttheaters sowie zahlreiche weitere Betonbauten, die seitdem das Stadtbild prägen.
Lange Jahre war Kiel eine einzige Baustelle, bis am 28. August 1972 auf dem neu gestalteten Kieler Rathausplatz und in Schilksee die olympische Flamme entzündet wurde. Carola Burmeister war bei der Eröffnungsfeier dabei: „Ich weiß noch, es herrschte strahlender Sonnenschein bei der Eröffnungsfeier auf dem Hafenvorfeld in Schilksee, so richtiges Kaiserwetter. Zigtausende nahmen an der Feier teil, selbst von den Balkonen des Olympiazentrums wurde den Sportlern beim Einmarsch der Nationen zugejubelt. Ich weiß noch, dabei wurde der heitere Song ‚Popcorn' von Günter Noris und der Big Band der Bundeswehr gespielt. Die meisten Segler kannte man nicht, aber Willy Kuhweide und Uli Libor schon. Und natürlich Juan Carlos, den zukünftigen spanischen König."
Jutta Poschmann aus der Johannesstraße erinnert sich: „Als Deutsche war man nach dem Krieg erstmals wieder richtig

stolz auf sein Heimatland. Nachdem sich die vielen Segler und Funktionäre hinter den blauen Schildern ihrer Herkunftsländer versammelt hatten, nahmen der Präsident des Internationalen Olympischen Komitees, Avery Brundage, der Präsident des Nationalen Olympischen Komitees, Willi Daume, und der Industrielle Berthold Beitz in Begleitung vieler Olympia-Hostessen in schmucken Uniformen die Formation der Sportler ab. Dann lief ein junger Segler mit einer brennenden Fackel in der Hand auf das Hafenvorfeld und entzündete auf dem Dach des Hafenmeisters das Olympische Feuer, woraufhin Avery Brundage in gebrochenem Deutsch die Olympischen Segelwettbewerbe für eröffnet erklärte. Schiffshörner erklangen und ein Feuerlöschboot spritzte aus allen Rohren Wasserfontänen. Alle waren in

Avery Brundage und Willy Daume auf dem Weg zur Eröffnung der Olympischen Segelwettbewerbe 1972 in Kiel-Schilksee.

bester Laune, aber im Nachhinein fand ich es schon erstaunlich, dass es kaum Absperrungen gab, und von der Polizei war auch nichts zu sehen."

Nur eine Woche später fand in München mit der Geiselnahme des israelischen Teams eine Katastrophe statt, die den Olympischen Spielen 1972 jegliche Heiterkeit nahm.

Gondoliere

Eigentlich war es eine verrückte Idee, als anlässlich eines Wettbewerbes zur Belebung der Kieler Altstadt vorgeschlagen wurde, eine Seilbahn über den Kieler Bootshafen zu bauen. Der Inhaber des Textilkaufhauses Weipert war davon so begeistert, dass er die preisgekrönte Idee im März 1974 in die Tat umsetzte. Mit der Eröffnung der gut 140 Meter langen Seilbahn wurde eine viel beachtete Touristenattraktion in der Kieler Innenstadt geschaffen. Die beiden Gondeln (#1 Kiel und #2 München, benannt nach den beiden Olympiastädten 1972) waren anfangs gelb lackiert und mit je einem Kabinenbegleiter besetzt. Jede Gondel konnte bis zu 15 Fahrgäste befördern, denen sich ein eindrucksvoller Blick aus fast 20 Metern Höhe auf die Kieler Altstadt und die Innenförde bot. Die Seilbahn verband das oberste Stockwerk des Kaufhauses Weipert über den alten Bootshafen hinweg mit dem obersten Deck des unternehmenseigenen Förde-Parkhauses an der Kaistraße. Damit wurde den Weipert-Kunden, die mit dem Auto dort parkten, der Weg um den eher trostlosen Bootshafen erspart. Die einfache Fahrt dauerte 70 Sekunden und die Benutzung war kostenlos. Die Kielerin Marina Lau vom Jägersberg schildert mit leuchten-

Bootshafen mit Gondelbahn des Kaufhauses Weipert, Blickrichtung Berliner Platz (1974).

den Augen das Abenteuer einer Gondelfahrt mit einem Schulkameraden.

„Nachmittags war es für meinen Kumpel Kay und mich immer ein spannendes Abenteuer, mit den Weipert-Gondeln den Bootshafen in schwindelerregender Höhe zu überqueren. Da wir dies regelmäßig und auch bei Wind und Wetter mit Leidenschaft taten, konnten wir uns schon bald über das missmutige Gesicht der drögen Gondelführer amüsieren, die sich sicherlich fragten, womit sie die ständige Gegenwart von uns quengelnden Nervensägen verdient hatten. Uns war das egal, denn es war jedes Mal ein kleines Abenteuer, das nichts kostete."

Die Weipert-Seilbahn war die nördlichste Seilbahn Deutschlands und die einzige in Schleswig-Holstein. Sie konnte bis zu 300 Passagiere stündlich befördern und so wurden während ihrer Betriebszeit immerhin mehr als drei Millionen Fahrgäste über den kleinen Bootshafen transportiert. Im Dezember 1988 wurde die Seilbahn jedoch aus Kostengründen stillgelegt und 1991 demontiert. So richtig vermisst hat diese Seilbahn über den Bootshafen bis heute eigentlich niemand, zumal auch wenig später das Textilhaus Weipert die Segel streichen musste.

Kieler Umschlag

Der Kieler Umschlag entstand Mitte des 15. Jahrhunderts als Marktplatz für die verschiedensten Waren. Bereits nach kurzer Zeit war er eine bedeutende Einrichtung, weil der Holsteiner Adel den Umschlag zu einem zentralen Geldmarkt umfunktionierte, auf dem im Mittelalter sogar (man staune) Hamburger und Lübecker Kaufleute Geldgeschäfte tätigten. Im 16. und frühen 17. Jahrhundert avancierte der Umschlag zum bedeutendsten Kapitalmarkt Nordwestdeutschlands und Dänemarks. Für den Adel war er außerdem ein zentraler Hochzeitsmarkt.

Darüber hinaus entwickelte sich der Umschlag früh zum Volksfest und Vergnügungsmarkt, zumal Kiel wegen seiner zentralen Lage an der Förde zwischen den ostholsteinischen und südschleswigschen Gütern gut zu erreichen war. Erst durch Aufkommen der Bankenwirtschaft Anfang des 17. Jahrhunderts in Dänemark und Hamburg verlor der Umschlag zunehmend an Bedeutung und wurde 1911 eingestellt.

1975 wurde der Umschlag wiederbelebt und zwar mit einem viertägigen Fest am Ende des Winters, sozusagen ein Pendant zur Kieler Woche, die bekanntermaßen im Sommer stattfindet. Der neue Umschlag sollte an die historischen Ereignisse erinnern und alle Kauf- und Feierlustigen in alte Zeiten entführen.

Mit Asmus Bremer (vor 1652–1720) als Maskottchen. Der Sohn eines Kieler Kaufmanns, der sich zunächst als Advokat in Kiel niederließ, war ab 1688 Ratsherr und wurde später mehrfach zum Bürgermeister gewählt. Asmus Bremer setzte auf Tradition und wusste um die Bedeutung der Stadtgeschichte. Er ließ unter anderem die bedeutsame Asmus-Bremer-Chronik mit zahllosen wertvollen Urkundenabschriften erstellen.
Seitdem werden jedes Jahr im Winter an einem Donnerstag pünktlich um 17 Uhr Asmus Bremer (gebürtiger Ellerbeker) und seine Frau Katharina in Anwesenheit der Öffentlichkeit mit Musik und Prominenz im Stadtmuseum Warleberger Hof in der Dänischen Straße präsentiert. Anschließend wird unter den strengen Augen seines Gefolges und vieler Feierlustiger auf dem nahe gelegenen Alten Markt an der Nikolaikirche die Stadtfahne „Börgermeister sien Büx“ (die Hose vom Bürgermeister) gehisst. Von nun an präsentiert sich die gesamte Alt- und Vorstadt als mehr oder weniger historisch geprägte Innenstadt mit

Beim ersten Kieler Umschlag seit der Jahrhundertwende sind der Holstenplatz und die Holstenstraße voller Menschen (1975).

unterschiedlichen Attraktionen. Dazu gehören halbwegs authentische Kostüme der Schausteller mit thematisch mehr oder weniger abgestimmten Verkaufsständen, die auf eine Zeitreise in Kiels Vergangenheit einladen.
Bierstände, Pommesbuden und flammende Holzgrills dürfen nicht fehlen, um den Hunger und Durst der zahlreichen Besucher zu stillen. Es gibt ein Fischerdorf und ein Handwerkerzelt. Kiels Geschäftsinhaber bieten einen verkaufsoffenen Sonntag und freuen sich über die Belebung der Innenstadt. Anfangs sah das aber noch ganz anders aus, wie Ulla Schuster aus der Geibelallee berichtet. „Also, beim ersten Kieler Umschlag war ich dabei, am 31. Januar 1975. Ich dachte, das wird so wie bei der Kieler Woche im Sommer, viele Bands und tolle Stimmung. Fehlanzeige, es war ziemlich trostlos. Auf dem Holstenplatz vor dem Café Fiedler durften Schaulustige auf ein von einer Autofirma zur Verfügung gestelltes altes Fahrzeug mit einem schweren Gummihammer einschlagen, um einen Gutschein zu ergattern. Wer dabei ein bemaltes Teil herausfischte, durfte kostenlos den Tank seines Fahrzeugs bei der Firma füllen. Ich hatte weder Auto noch Führerschein, das war also ein reines Männerding.
Ins Rathaus mit den Feierlichkeiten wurde man sowieso nicht ohne Promibonus hineingelassen, und so musste man sich in der Januarkälte auf dem Rathausplatz zu einem der vielen überdachten Bierstände flüchten, um von dort aus einem Holzhack- und Sägewettbewerb beizuwohnen, auch so ein Männerding. Immerhin konnte die Kieler Feuerwehr unter großem Gejohle der Menge die vielen zersägten Raummeter Holz schnell zu einem sogenannten Holstenfeuer entfachen. Wobei ich immer dachte, dass die Feuerwehr eher für das Löschen zuständig war. Das tat ich dann kurzfristig auch am Bierstand, aber diese

Eiseskälte im Rücken trotz des wärmenden Feuers im Gesicht, die hielten mich denn doch viele Jahre vom neuen Kieler Umschlag ab.“

So ist es kein Wunder, dass die Veranstalter im Laufe der Jahrzehnte den Kieler Umschlag in der Hoffnung auf besseres Wetter immer weiter Richtung Frühling verlegt haben, momentan sind wir bei Anfang März. Mal sehen, wann der Umschlag Ostern und Pfingsten küsst. Oder gar die Kieler Woche?

Traditionsgeschäfte

Ende des 19. Jahrhunderts entwickelte sich Kiel innerhalb kurzer Zeit zu einer Großstadt. Daher gibt es in der Landeshauptstadt nur wenige Geschäfte, die auf eine sehr lange Geschichte zurückblicken können. Zwei davon, die jedem Kieler bekannt sind, werden hier vorgestellt.

Der Inhaber Peter Vagt berichtet über die Historie der Firma Paul Heyck, die seit 1840 besteht. Anfänglich trug die Firma den Namen des damaligen Besitzers „Hermann Radbruch, Kaufmann, Colonialwaren- und Materialwaren“. 1872 übernahmen die Brüder M. und Paul Heyck die Firma Radbruch. Als sich M. Heyck aus dem Geschäft zurückzog, wurde Paul Heyck 1873 al leiniger Inhaber. Die Firma hieß nun „Paul Heyck i. Fa. Heinrich G. Radbruch Nachfolger, Colonialwaren, Theehandlung, Import von chinesischen und japanischen Kunst- und Industriesachen“. Er verlegte die Geschäftsräume in die Faulstraße 2a, keinen Steinwurf von der Holstenstraße entfernt. 1906 erwarb Ludwig Vagt das Unternehmen. Seitdem befindet sich das Geschäft in ununterbrochener Folge am gleichen Ort in Familienbesitz und

wurde kontinuierlich zu einer der führenden Kaffee- und Teehandlungen in Schleswig-Holstein aufgebaut.
Nach der Zerstörung im Zweiten Weltkrieg und dem Wiederaufbau 1950 nahm die Firma unter dem neuen Geschäftsführer Herbert Vagt einen raschen Aufschwung. Allerdings wurde der Handel mit Lebensmitteln und Kolonialwaren größtenteils aufgegeben und so rückte das Kaffee- und Teegeschäft in den Vordergrund. Sein Sohn Peter Vagt hat sich durch Aufenthalte in Indien und Ceylon ein umfangreiches Fachwissen in Sachen Tee erarbeitet. Seit 1988 führt er die Firma Paul Heyck traditionsbewusst und modern zugleich.
Auch die Konditorei Fiedler kann auf eine bewegte Historie verweisen, wie das Familienmitglied Bernd Fiedler berichtet: „In dem sehr schwierigen Jahr 1920 heiratet die verwitwete Maria Fiedler (geb. 1883) den Konditormeister Hans Hörlöck und das Paar eröffnet eine Konditorei mit Café am Blücherplatz in Kiel. Nach einem Umzug zum Dreiecksplatz findet die junge Firma 1927 einen

Das Café Fiedler am Holstenplatz in der Weihnachtszeit, 1967.

sehr guten Betriebsort im Neubau der Landwirtschaftskammer in der Holstenstraße. Das Café entwickelt sich zum echten Familienbetrieb. Tochter Margarete (geb. 1899) arbeitet als Fachverkäuferin und Sohn Theo (geb. 1906) als Konditormeister.
Als sich Maria Anfang der 1930er-Jahre von ihrem Mann trennt, übernimmt sie den Betrieb mit ihren beiden Kindern als Partner. Im Jahr 1934 heiratet Theo Fiedler die Bankangestellte Anna Sprunk (geb. 1909), mit der er bis 1945 vier Söhne zeugt, unter anderem auch mich. Ab 1940 heißt die Firma nun Konditorei & Café Fiedler und gilt seitdem in der Fördestadt als das erste Haus am Platz. Der Familienbetrieb übersteht den Krieg glücklicherweise ohne Personen- und Ansehensverlust, auch weil das stabile Gebäude der Landwirtschaftskammer kaum beschädigt wurde. So können die Fiedler-Betriebe zu Beginn des Jahres 1946 wieder geöffnet werden. Die Anfangsjahre sind zwar turbulent, aber die Geschäfte laufen gut, sodass man sich nach der Währungsreform dazu entschließt, einen Neubau in der Holstenstraße 92–94 direkt am Holstenplatz zu errichten.
Als Anfang Dezember 1954 der neue Betrieb eröffnet wird, darf man auf noch bessere Umsätze hoffen. Nicht nur wegen des in der Bundesrepublik rasant verlaufenden Wirtschaftswunders, sondern auch, weil die Holstenstraße in eine belebte Fußgängerzone umstrukturiert wurde. Aber Schicksalsschläge treffen die Familie hart. Weihnachten 1954 verstirbt Maria Fiedler und ihr Sohn Theo kommt im Januar 1956 bei einem Autounfall ums Leben. Das ist aber nicht das Ende des angesehenen Familienbetriebs: Anna Fiedler und ihr ältester Sohn, der Konditormeister Rudolf Fiedler (geb. 1936), übernehmen die Leitung des Geschäfts und führen Konditorei & Café Fiedler auch nach der Umwandlung der unteren Holstenstraße zu einer Fußgängerzone 1957 in die besten Ertragszeiten der 1950er- und 60er-Jahre hinein.“

Das Café entwickelt sich in den folgenden Jahrzehnten zu einem ausgesprochen beliebten Treffpunkt bei Jung und Alt, bis der Gebäudekomplex am Holstenplatz Ende 2010 aufgrund eines langjährigen Familienrechtsstreits verkauft wird. Das bietet jedoch die Chance, die Kuchenproduktion in größere und modernere Betriebsräume am Russeer Weg zu verlegen. Heute verfügt Café Fiedler mit einem vielfältigen Angebot über vier einladende Standorte in der Dänischen Straße, im Russeer Weg, in der Holtenauer Straße und im Einkaufszentrum Sophienhof.

Pack die Badehose ein

Ab den 60er-Jahren fuhren viele Schulklassen einmal die Woche mit einem Bus zum Schulschwimmen in die Lessinghalle. Manchmal ging es zwar recht beengt zu, aber es war besser als jeder andere Unterricht. Und wenn man in einer Stadt lebt, die sich durch ihre Lage am Wasser auszeichnet, sollte man schwimmen können. Viele Schüler vom Ostufer lernten das Schwimmen allerdings erst im Freibad Katzheide in Kiel-Gaarden. Seinerzeit war das Bad sehr chloriert und so dachten sich viele, dass es doch viel besser wäre, eines der zahlreichen Strandbäder in der Kieler Förde aufzusuchen. Das war aber zu den normalen Tarifen kaum bezahlbar und so förderte die Stadt Sommerlager für Jugendliche an der Kieler Förde. Ob das lohnend war, darüber berichtet Claus-Peter Minkwitz.

„In den Sommerferien fuhren wir mit dem Fördedampfer Stadt Kiel nach Falkenstein. Auf das Kommando ‚Die Kinder der Arbeiter-Wohlfahrt dürfen jetzt baden‘ ging es ab ins Wasser. Die Mittagspause verbrachten wir oberhalb des Strandes in schlich-

ten hölzernen Nur-Dach-Behausungen bei einem Brötchen und einer Banane. Am Nachmittag ging es mit dem Fördedampfer wieder nach Hause und das wochenlang."
Andere Jugendliche nutzten die zahlreichen Schiffsanleger zum Hechtsprung in die Kieler Förde, was aber nicht ganz ungefährlich war, weil man unter Schiffsschrauben geraten konnte. Ver-

Der Fördedampfer Stadt Kiel.

boten war es eigentlich auch, aber das scherte seinerzeit kaum jemand. Jedenfalls nicht die Jugendlichen auf der Suche nach Erfrischung, Abenteuer und Imponiergehabe.

Fernweh und Heimweh

Reisen waren teuer, besonders für Schulklassen und Studierende. Renate Stieglitz kann sich noch gut an ihre erste Busreise nach Paris erinnern. „Ich weiß noch, am Nachmittag ging es los von der Universität, aber zunächst haben wir Fahrgäste in Neumünster und Bad Bramstedt eingesammelt. In Hamburg ging es über die Elbbrücken endlich auf die Autobahn, aber die Fahrt dauerte länger als 16 Stunden. Also musste man sich die erste Nacht im proppenvollen Bus um die Ohren schlagen. Es gab nur einen Fahrer, der bis auf die obligatorischen Pinkelpausen stramm durchfuhr. Morgens um 9 Uhr hielt der Bus in Paris vor unserem Quartier, das wir aber erst am Nachmittag beziehen durften. So ließen wir unser Gepäck im Bus und machten uns auf Erkundungstour. Was wir alle unterschätzt hatten, waren die hohen Preise in Paris: Nichts konnten wir uns dort leisten. Ein Bier in einem Café kostete seinerzeit umgerechnet 8 Mark, und der Eintritt zum Eiffelturm war unbezahlbar. Unser Quartier war primitiv und etwas schmuddelig, aber für zwei Nächte war das in Ordnung. Dann ging es schon wieder zurück mit dem Bus nach Kiel. Dennoch haben wir zu Hause begeistert von diesen vier erlebnisreichen Tagen geschwärmt, denn wer war schon einmal in Paris?“

Ab den 1970ern gab es die Möglichkeit, für wenig Geld eine Pauschalreise mit dem Flugzeug zu unternehmen. Meistens ging es für junge Leute eine Woche nach Spanien, das kostete pro Person im 3-Sterne-Hotel so um die 200 Mark im Doppelzimmer. Nach vollendeter Lehre oder Studium ging es aber auch einmal nach England oder in die USA. Manchen Kieler trieb es sogar bis nach Afrika, Ostasien oder Südamerika. Einige sind im Ausland hängen geblieben, das sind die „Butenkieler“. Aber die meisten anderen Kieler freuen sich nach einem Sommerurlaub im Ausland über Wind und Wetter im Norden. Verständlich, denn gibt es eine schöner gelegenere Landeshauptstadt in Deutschland als die an der Kieler Förde? Ich glaube eher nicht. Kiel oben!

Am Ziel der Träume.

Weitere Bücher aus der Region

Kiel
Gestern und Heute
Henning Jost, Daniela Harnisch-Jost
72 Seiten, Farb- und S/w- Fotos
ISBN 978-3-8313-2602-0

Unsere Glücksmomente
Geschichten aus Kiel
Katja Josteit
80 Seiten
ISBN 978-3-8313-3331-8

Aufgewachsen in Kiel
in den 50er und 60er Jahren
Kurt Geisler
64 Seiten, zahlr. Farb- und
S/w-Fotos
ISBN 978-3-8313-3383-7

Aufgewachsen in Kiel
in den 70er und 80er Jahren
Simon Voß
64 Seiten, zahlr. Farb- und
S/w-Fotos
ISBN 978-3-8313-3541-1